资金支持：北京印刷学院专业学位联合研究生培养基地建设项目——海外基地建设
（项目编号：21090121014）

新闻出版理论与实践
论文集

陈凤兰 主编

知识产权出版社
全国百佳图书出版单位
—北京—

图书在版编目（CIP）数据

新闻出版理论与实践论文集/陈凤兰主编. —北京：知识产权出版社，2022.8
ISBN 978-7-5130-8249-5

Ⅰ. ①新… Ⅱ. ①陈… Ⅲ. ①新闻工作—文集②出版工作—文集 Ⅳ. ①G21-53 ②G23-53

中国版本图书馆 CIP 数据核字（2022）第 127247 号

内容提要

本书汇集了 2021 年北京印刷学院与英国斯特灵大学出版传播专业研究生国际交流项目的优秀学术研究成果，收录的论文既关注英美国家图书、期刊等传统出版产业进展，也涉及网络出版、开放获取等新兴出版发展。本书主题虽立足于出版科学与出版行业，但又不局限于此。基于传播学领域的跨文化传播、社交媒介等研究成果，进一步拓宽了出版学研究领域。本书对于希望了解国外新闻出版理论研究与行业发展的人士具有一定的参考价值。

责任编辑：郑涵语　　　　**责任印制**：孙婷婷

新闻出版理论与实践论文集

XINWEN CHUBAN LILUN YU SHIJIAN LUNWENJI

陈凤兰　主编

出版发行：	知识产权出版社有限责任公司	网　　址：	http：//www.ipph.cn
电　　话：	010-82004826		http：//www.laichushu.com
社　　址：	北京市海淀区气象路 50 号院	邮　　编：	100081
责编电话：	010-82000860 转 8569	责编邮箱：	laichushu@cnipr.com
发行电话：	010-82000860 转 8101	发行传真：	010-82000893
印　　刷：	北京中献拓方科技发展有限公司	经　　销：	新华书店、各大网上书店及相关专业书店
开　　本：	720mm×1000mm　1/16	印　　张：	10.5
版　　次：	2022 年 8 月第 1 版	印　　次：	2022 年 8 月第 1 次印刷
字　　数：	129 千字	定　　价：	58.00 元

ISBN 978-7-5130-8249-5

目　录

上篇　传播研究

下篇　出版研究

上篇　传播研究

社交媒体环境下“把关人”理论的变迁

——以元宇宙（Meta）为例

罗心怡

摘　要：如今，社交媒体已经成为很多人获取消息的重要来源，而在这些新兴媒体中，“把关人”的存在和运作机制愈发复杂并显得尤为重要，分析“把关人”理论在社交媒体环境中的应用及产生的变化是非常有必要的。本文通过梳理“把关人”理论的提出及发展，发现该理论经历了研究主体从单一到多元，研究层次从简单到复杂，研究模式从线性到网状的变化过程。本文还分析了私密性相对较强的社交媒体元宇宙（Meta）上的信息把关，发现元宇宙上的信息把关存在政府把关间接化、平台把关技术化及用户自我把关多向化等特征。基于以上分析，本文针对现有“把关人”理论提出了区分主观把关与客观把关，以及让研究回归“人”的本位的优化建议。

关键词：“把关人”；社交媒体；脸书网；主观把关；客观把关

“把关人”是大众传播研究中经常提及的一个理论，也是最早进入我国的传播学概念之一。正如休梅克（Shoemaker）所说，“把关可能是一个研究得比较透彻的概念，也许是一个老生常谈的概念，但它也是一个几乎永远不会过时的概念。”❶ 现如今，社交媒体已经成为很多人获取消息的重要来源之一，尤其是年轻人。据路透社研究所统计，35 岁以下的年轻人中有 34% 主要从社交网站获取新闻，而直接从新闻网站或应用上获取消息的人仅占 18%。❷ 在社交媒体占据主导地位的传播新时代，受众与媒介之间的互动日益增强，受众从被动接受媒体“推”出的信息转变为从互联网中主动“拉”出信息。而且受众也由被动的接受者转变为传播与接受二者合一的角色，既接受信息，也生产信息（UGC）。再加上大数据、人工智能等新兴技术在把关领域的应用，“把关人”的存在形式和运作机制都变得更为复杂。

传统研究一般都局限于传媒机构及专业新闻从业人员的把关作用，对受众个人把关的研究不突出。互联网及社交媒体的迅速发展，虽然让“把关人”的研究有了新的进展，但越来越多的学者开始研究非专业新闻“把关人”（如用户、平台媒体等），甚至将研究范围扩展到非人类的“把关人”（算法或机器“把关人”）。目前对社交媒体平台把关研究多集中于探讨“把关人”理论在推特（Twitter）等消息媒体及开放性较强的平台中的运用，针对元宇宙（Meta）这类社交媒体及私密性较强的平台的研究并未凸显其独特性。作为目前全球最流行的社交媒体平台，元宇宙 2021 年的活跃用户数量已逾 28 亿，❸ 把关理论在这一传播平台中的运用及发展的重要性不言而喻。本文旨在梳理“把关人”理论的发展历程，并结合元宇宙现存的把关特征，探讨在这类社交性及私密性较强的媒体平台上“把关人”

---

❶ SHOEMAKER P J. Gatekeeping [M]. Newbury Park, CA: Sage Publications, 1991: 5.

❷ REUTERS INSTITUTE. Digital News Report 2021 10th ed. [R/OL]. (2021-06-26) [2021-08-15]. https://reutersinstitute.politics.ox.ac.uk/sites/default/files/2021-06/Digital_News_Report_2021_FINAL.pdf.

❸ STATISTA. Facebook Report 2021 [DB/OL]. (2021-05) [2021-08-15]. https://www-statista-com.ezproxy-s2.stir.ac.uk/study/9711/facebook-statista-dossier/.

理论的应用及变化，并提出一些针对性的优化建议。

一、“把关人”理论的提出与发展

（一）个人层面的把关研究

对于“把关人”这一概念，目前普遍接受的说法是，1947 年社会心理学家库尔特·卢因（Kurt Lewin）在《人类关系》杂志发表的《群体生活的渠道》一文中正式提出，但也有学者认为这一理论的核心思想可以追溯至卢因在 1943 年写的《心理生态学》一书。❶ 卢因认为流动渠道中存在着“门区”，守着这些门区的“把关人”会根据个人意见，决定是否允许它们进入渠道或者继续在渠道中流动。❷ 这一概念与他之前提出的场论、群体行为等著名心理学概念一脉相承，即从宏观角度探讨客观的社会问题是如何与主观的个人或群体心理上相互作用的。卢因所说的“把关人”更多指的是人，而且认为把关更多受到“把关人”个人心理因素的影响。

卢因只是建构了一个具有普适性的理论模型，而怀特（White）是让“把关人”成为新闻传播经典理论的奠基人。他开创性地将“把关人”这一概念应用于新闻传播的研究，并得出结论：传播过程中的“把关人”就是新闻从业人员，他们会根据自己的判断来对大量的信息进行筛选，只有被他们选中的信息才能到达受众群体面前。❸ 但怀特的研究是从编辑的个人层面来考虑的，并没有认识到把关是群体性活动。而且他认为在把关过程中编辑的个人价值判断起着至关重要的作用，而受众只能被动地接受。

---

❶ 黄旦．把关人研究及其演变［J］．国际新闻界，1996（4）：27-31.

❷ LEWIN K. Frontiers of Group Dynamics：Concept，Method and Reality in Social Science，Social Equilibria，and Social Change［J］．Human Relations，1947（1）：5-41.

❸ WHITE D M. The “Gatekeeper”：A Case Study in the Selection of News［J］．Journalism Quarterly，1950（27）：383-390.

“把关人”概念的提出对西方一直以来宣扬的真实、客观的新闻理念带来了强烈冲击。但初期的研究由于受到线性传播模式的影响，主要局限于“把关人”个人层面的单向把关研究，没有考虑到其他层面，过于简单片面。

（二）组织或社会层面的把关研究

随着把关理论在新闻传播过程中的应用，再加上社会学对大众传播研究的影响日益超过心理学，使越来越多的学者意识到早期的把关理论太过简单，把关并非只受到个人心理因素的影响，还会受到组织行为或社会制度等其他因素的制约。麦克内利（McNelly）修正并发展了怀特的简单把关模式，认为信息在流动过程中会经历许多“把关人”的数次把关，“把关人”不仅会决定是否发布某条新闻，还会对新闻内容进行删改，而且受众在信息传播过程中也扮演着“把关人”的角色，将新闻传递给家庭、朋友或合伙人，每个环节都可能存在反馈，即使是间接反馈。❶ 但是麦克内利的理论并没有说明在把关过程中哪个环节是最关键、最重要的，而是把每个环节放在相同的位置上。巴斯（Bass）提出的双重行动模式在一定程度上对此进行了解答，他认为把关的各个环节中最关键的是传播媒介，其他的把关都处于次要地位。他把新闻传播中的“把关”分为两个阶段：第一阶段发生在新闻采集过程，记者是这一阶段的“把关人”，决定受众“看什么”；第二阶段是新闻加工过程，编辑通过对信息修改、删减进行把关，决定受众“怎么看”。❷ 虽然巴斯反驳了怀特将“把关人”限定为报社编辑的观点，但他对“把关人”的研究也仅停留在专业新闻机构的内

❶ MCNELLY J T. Intermediary Communicators in the International Flow of News [J]. Journalism Quarterly, 1959, 36 (1): 23-26.

❷ BASS A Z. Refining the “Gatekeeper” Concept: A UN Radio Case Study [J]. Journalism & Mass Communication Quarterly, 1969, 46 (1): 69-72.

部，并不能很好地解释新闻传播中的完整把关过程。

休梅克（Shoemaker）被认为是把关理论发展中的关键性学者，[1] 她将把关研究的重点从“把关人”（gatekeeper）转向了“把关”（gatekeeping）这一过程，提出了要从个体、新闻惯例、组织机构、社会或其他机构及社会系统五个层次来研究把关过程[2]，并认为与个体（individual）相比，在新闻把关过程中惯例（routine）是更具决定性的力量（force）。[3]

这一阶段的研究打破了把关作为一种个人行为的局限性，开始采用更宏观、更全面的视角，将把关看作是涉及整个组织乃至社会的行为。在这些研究中个人的把关作用被弱化，然而“人”恰恰是“把关人”理论最鲜明的特征，不能顾此失彼。

（三）网络层面的把关研究

网络环境的“去中心化”确实降低了传统“把关人”（即新闻编辑及新闻机构）在把关过程中的绝对主导地位。由此在学术界也产生了一些对网络媒体中“把关人”缺失的担忧，但专业“把关人”作用的弱化，并不代表网络媒体中不存在把关现象，而是意味着把关主体及把关过程随着媒体形式的转变有了新的变化。把关过程存在的一个客观原因是每日产生的信息数量庞大，而媒体能够承载的信息量是有限的，因此在传递过程中取舍是必然会发生的。互联网所承载的信息远远超过了传统媒介能够传递的数量限制，海量的信息同时存在于互联网中，而每个用户每日接受信息的数量是非常有限的。因此，网络并不会边缘化把关过程，反而更加凸显了

---

[1] 白红义．媒介社会学中的“把关”：一个经典理论的形成、演化与再造［J］．南京社会科学，2020（1）：106-115.

[2] SHOEMAKER P J. Gatekeeping［M］．Newbury Park，CA：Sage Publications，1991：5.

[3] SHOEMAKER P J，M. EICHHOLZ，E. KIM，B. WRIGLEY. Individual and Routine Forces in Gatekeeping［J］．Journalism & Mass Communication Quarterly，2001，78（2）：233-246.

其重要性。

然而，传统把关理论并不能很好地阐释网络环境下的把关过程，因此，网络时代的把关理论研究有了新的拓展。凯莱恩（Karine）提出了一个新的把关概念用于解释网络时代把关的机制，即网络把关（network gatekeeping）。她对“网络把关人”（network gatekeeper）的定义也并非局限于个人，而是将能够在网络上实施把关的个人、组织或政府都包含在内，并将传统把关理论中的受众定义为把关客体（the gated），并指出他们已经成为把关决策的重要影响因素，而不仅仅是接受者。❶ 这意味着，在网络媒体中，传统新闻机构不再是唯一的把关主体，其在把关过程中的地位不断弱化，新的把关主体必然会出现。

网络媒体（尤其是社交媒体）的互动性特征，让新闻受众实现了向新闻用户的转变，他们在把关过程中的主动性也日渐凸显，成为新的把关力量。埃里森和博伊德（Ellison & Boyd）认为在持续不断的技术与社交化变革中，出现了一类新的内容管理者——“分散式把关人”（distributed gatekeeper），即社交网络中不计其数的用户。❷ 辛格（Singer）从互联网把关的流程出发，指出网络媒体的用户是“第二把关人”（secondary gatekeepers），认为新闻首先会经过编辑的把关，而看到这些新闻的用户可以通过降低或提升其曝光度来进行二次把关，他们这么做不仅是为了自己，更是为了能看到他们分享内容的下一级受众。❸

社交媒体平台凭借其强大的受众影响力，在信息传播中的重要性不断提升。因此，这些平台的把关作用也受到了越来越多的关注，甚至有学者

---

❶ BARZILAI-NAHON K. Toward a Theory of Network Gatekeeping: A Framework for Exploring Information Control [J]. Amer. Soc. Inf. Sci. Technol. 2008, 59 (9): 1493-1512.

❷ ELLISON N B, BOYD D M. Social Network Sites: Definition, History, and Scholarship [J]. Journal of Computer-Mediated Communication, 2007, 13 (1): 210-230.

❸ SINGER J B. User-generated Visibility: Secondary Gatekeeping in a Shared Eedia Space [J]. News Media & Society, 2014, 16 (1): 55-73.

指出，元宇宙这类社交媒体平台正在取代传统主流媒体并成为新的信息“把关人”，控制了新闻信息流向受众的渠道，而传统媒体则沦为他们的内容提供商。❶

虽然研究的侧重点不同，但网络把关的大多数研究都是基于一个共识：在互联网时代，尤其是在社交媒体占据信息传播主导地位的大环境下，把关不可能是单一力量进行的单向操作，而是多种力量共同作用的结果，而这些力量之间存在着密切的关联，构成了错综复杂的把关网络。卡斯帕（Kasper）认为在网络传播中，把关已经成了一个相对概念，用户遇到某些内容的概率是新闻提供者的大众传播与用户社交圈内的人对这些内容的兴趣（即参与）的函数。虽然社交媒体的新闻编辑仍是强大的“把关人”，但网络上的扩散机制为把关增加了新的网络层面（network-level）的因素，如网络的结构及控制网络中信息流动的算法。❷ 查克拉博蒂等（Chakraborty et al.）将社交媒体平台的把关看作是新闻编辑筛选、读者的新闻关注及新闻分享三大因素共同作用的结果。❸ 刘海明基于人工智能技术的发展提出了“三足鼎立”的把关格局，即以算法技术为核心的“数字把关人”与传统新闻机构、社交媒体共同参与了网络信息的把关。❹

由于网络时代的把关主体与把关机制都变得更为复杂，“把关人”理论的研究也从链状结构发展成了网状结构，最显著的变化就是把关权力的转移与分散。这一阶段的“把关人”理论仍旧深受社会学的影响，侧重的是把关

---

❶ 史安斌，王沛楠．传播权利的转移与互联网公共领域的“再封建化”——脸谱网进军新闻业的思考［J］．新闻记者，2017（1）：20-27.

❷ KASPER W，MICHAEL O. Social Eedia Gatekeeping：An Analysis of the Gatekeeping Influence of Newspapers' Public Facebook Pages［J］．New Media & Society，2018，20（12）：4729-4747.

❸ CHAKRABORTY A，GHOSH S，GANGULY N，GUMMADI K P. EditorialVersus Audience Gatekeeping：Analyzing News Selection and Consumption Dynamics in Online News Media［J］．IEEE Transactions on Computational Social Systems，2019，6（4）：680-691.

❹ 刘海明，杨琦钜．位阶与底线：人工智能时代数字新闻把关人的伦理探究［J］．现代传播，2021（1）：81-86.

过程及结构的研究，针对参与把关的人的把关心理与把关动机的研究较少。但社交媒体在信息传播中的影响力日益赶超大众媒体，不正说明了大众个体意识的觉醒？正如李钢所说的那样，“把关人”理论的研究应该重回勒温的心理学范畴，既重视人与环境的关系，同时也要强调个体动机。[1]

（四）技术层面的把关研究

互联网上不断涌入的用户及其发布的信息数量已经远远超过人类“把关人”能够处理的数据量，社交媒体平台研发出了一系列算法来为其执行把关任务，以便向用户精准推送信息。“把关人”的研究范围也逐渐从人或组织拓展到了技术，“数字把关人”或“算法把关人”开始频繁出现在把关研究中。刘海明等指出数字把关是人工智能在新闻业的具体运用，算法技术通过对新闻采集、加工、传播等各个环节的“渗透”夺去了原本属于传统媒体的把关权力。在人工智能时代，把关主体是智能机器而非自然人。[2] 索尔森（Thorson）认为像新闻推荐系统这样的算法“不仅有可能从根本上改变我们选择新闻阅读的方式，而且也有可能改变我们对它的态度”。[3] 柯基丝汀等（Kjerstinet al.）通过研究发现，社交媒体的用户虽然可以自行决定打开哪些信息渠道，如添加好友或关注其他人或机构的主页，但算法会根据预测的相关性内容及对用户的重要性来决定哪些内容应该出现在用户的动态消息（NewsFeed）中。[4]

---

[1] 李钢．“把关”在认知与回到勒温［J］现代传播，2016（5）：164-165.

[2] 刘海明，杨琦钜．位阶与底线：人工智能时代数字新闻把关人的伦理探究［J］．现代传播，2021（1）：81-86.

[3] THORSON E. Changing Patterns of News Consumption and Participation［J］. Information，Communication & Society，2008，11（04）：473-489.

[4] KJERSTIN T，KELLEY C，MEL M，CHANKYUNG P. Algorithmic Inference，Political Interest，and Exposure to News and Politics on Facebook［J］. Information，Communication & Society，2021，24（2）：183-200.

技术在把关中的应用虽然提高了把关的效率，但也引起了一些担忧。博兹达（Bozdag）延续了帕里泽（Pariser）提出的“过滤气泡”❶ 的研究思路，并指出用户一旦将自己的信息偏好展示给算法，那么他们就被孤立在一个没有太多分歧观点的环境中。❷ 沃捷克（Wojeiech）从元宇宙用户分享链接的具体行为出发，认为用户自身的社交与媒体使用特征会在很大程度上影响进入其元宇宙的动态消息链接的优先级。❸ 胡泳等人认为，人工智能及算法机制是“特定拟像”的具体表征，机器把关进一步造就了“后真相”事实，而且为了追逐更大利益，平台会将用户关注度作为把关标准来设计算法。❹ 刘海明等人指出，数字把关具有某种“机械性”，无法像人那样“弹性”把关，因此会让新闻的真实性与客观性受到挑战，降低新闻的人性化及价值，并造成算法偏见。❺

在人工智能、大数据技术广泛应用的时代背景下，研究技术在信息把关中的作用是非常具有时代特点的。但算法把关是以“任务”（目标）为导向的，服务于任务派发者的主观立场与目标。❻ 因此，针对技术层面的把关研究需要明确的是，机器只能算是把关的工具，真正把关是要设计这一机制的人，研究算法背后的人才是对算法把关的本质研究。

---

❶ PARISER E. The Filter Bubble：What the Internet is Hiding from You [M]. London，England：Penguin Books，2012.

❷ BOZDAG V E. Bursting the Filter Bubble：Democracy，Design，and Ethics [D]. TU Delft，Delft University of Technology，2015.

❸ WOJECIECH W，MICHAL M，KRZYSZTOF O. Distributedgatekeeping：Uncovering the Patterns of Linking Behaviors on Facebook [J]. Central European Journal of Communication，2017，10 (1)：14-31.

❹ 胡泳，周凌宇．把关理论与现代社会的重构 [J]．新闻与写作，2021 (8)：41-51.

❺ 刘海明，杨琦钜．位阶与底线：人工智能时代数字新闻把关人的伦理探究 [J]．现代传播，2021 (1)：81-86.

❻ 同④

二、从元宇宙的把关特征看社交媒体环境对“把关人”理论的影响

元宇宙（Meta）是一个源自美国的社交网络服务网站，也是全球用户量最多的社交媒体。该网站创办最初仅限哈佛学生加入，目前只要用户年满 13 岁就可以注册。用户加入后可创建个人页面，将其他用户加为好友，互相传递与分享消息。除了文字消息，用户之间还分享图片、影片、音频、视频、位置、链接等其他形式的内容。与推特的媒体属性相比，元宇宙更偏重社交属性；与推特的开放性相比，元宇宙的传播圈层具有相对封闭性，传受关系更为私密。本文主要从政府、平台、用户三个方面来对元宇宙的把关特征进行分析，希望借此了解社交媒体对“把关人”理论产生的具体影响。

（一）政府把关间接化

由于元宇宙的把关机制复杂，参与把关的主体较多，再加上其中传播与接受的信息具有一定的私密性，政府直接把关的作用几乎体现不出来。因此，政府主要通过制定相关法律法规及设立相关审查机构来对平台及个人进行约束。例如，英国政府出台了《社交媒体法》《数据保护法》等法规来约束社交媒体的运行，并在 2019 年发布的《在线危害白皮书》中提议通过立法来强化社交媒体等互联网平台的自我监管，保护用户不受到欺凌、极端思想或恐怖言论等负面信息的危害。不严格履行把关义务的媒体平台将会受到罚款或追究其高管刑事责任，甚至会对网站进行完全关停。美国国土安全部也于 2009 年开始设置“社交网络监控中心”，对包括元宇宙、推特在内的众多社交媒体平台进行定期常规监控。

但是这种间接把关存在着非常严重的问题，比如把关延迟，既体现为

相关法律及政策跟不上网络传播变化的速度，也体现为执行效果反馈不及时。政府把关间接化的另一个问题是可能存在“反向把关”的情况，即需要把关的问题既可能出现在政策制定者考虑范围的过程中，也可能存在把关过程中，很多问题在经过平台的压制后也许都不足以引起政策制定者的重视，直到问题恶化到不可调节的地步或者已经产生了非常严重的后果的情况下才可能进入政策制定的考虑范围。据英国媒体报道，《在线危害白皮书》的出台在很大程度上是受到一位14岁少女自杀案件的影响，其父亲指出，正是社交媒体平台中充斥着大量涉及自杀的内容，才导致了悲剧的发生。由此可以看出，即使是一直很重视社交媒体监管的英国，在政府把关方面仍存在很多问题。

（二）平台把关技术化

在用户及信息数量呈井喷态势增长，以及平台发布的内容形式日益多样化的今天，对社交媒体的把关能力及把关速度提出了巨大的挑战，因此元宇宙等社交媒体不得不依赖算法等技术来承担大部分的把关工作，其创始人扎克伯格（Zuckerberg）在美国国会听证会上多次提及人工智能在平台内容审核中的作用。而元宇宙把关的技术化可分为两类：监管类技术把关与推送类技术把关。

1. 监管类技术把关

元宇宙发布的《条款与政策》《社区守则》就是其监管把关的主要依据，明令禁止发布涉及恶意言论、色情图像或暴力图片等负面信息，如果发布违反规定的消息将会面临封号等处罚。且明确表示平台具有对虚假信息、推销信息进行严厉打击的完备机制。针对文字的审核，元宇宙推出了“深度文本”（DeepText）引擎，据称它能够以近乎人类的精准度，每秒理解数千篇文章的文本内容。除了审核速度快，它还能够审核 20 多种语言，甚至可以通过用户发送的内容来分析用户想法，自动移除垃圾信息。

但大多数时候，元宇宙平台对于信息的监管把关并没有做到像它所承诺的那样严格。一方面是因为技术本身的局限性，也许文本把关的技术已经相对成熟，但元宇宙上内容形式纷繁复杂，而且除了直接发布在平台上的内容，用户还可以通过分享链接的方式让外部信息流入，想要完全依靠技术来实现严格的监管把关还有很长的路要走。因此，目前元宇宙仍然要依靠举报来处理违规行为，并让元宇宙上的其他用户来确定内容是否真的违反其准则，因为再好的算法也不可能代替人类的敏感性和判断力。另一方面，除了技术局限性这一问题，元宇宙平台的商业化属性也在一定程度上影响了监管把关的效果，大多数时候平台对于违规内容都是采取自由放任的态度，只有在威胁到它自身利益的时候才会真正采取行动，尤其是那些可能会导致品牌价值受到牵连的威胁出现的时候。

2. 推送类技术把关

元宇宙的动态消息（NewsFeed）推送功能是其核心资产之一，据称该功能旨在为用户提供它认为最有意义的新闻，但其背后的运行逻辑就是利用算法对用户的信息消费行为及偏好数据进行分析，从而形成一个“过滤气泡”（filter bubble）来实现对推送内容及优先级的把关，优先推送用户最有可能感兴趣的内容。据悉，2011 年之后的 NewsFeed 排序算法全面转向了机器学习，利用收集到的用户信息建造了一个机器学习的模型，用来预估每一条新的动态消息的质量。

这些确实能帮助用户在巨大的信息海洋中更快、更精准地获取自己感兴趣的消息，但这很可能会降低用户自我把关的积极性，缩小用户获取信息的范围，最终出现美国学者桑斯坦（Sunstein）所描述的“信息茧房”

现象：用户习惯性将自己包裹在由兴趣引导的信息领域，从而如同生活在茧房中。避免供给多种分歧观点，只会让用户不断接受同质化的消息，进而形成有局限性的思维定式。

（三）用户自我把关多向化

元宇宙呈现出相对封闭的私人领域特征让信息的把关再次回归到个人层面，但这一次进行把关的个人不再是专业新闻从业人员，而是没有受过新闻传播相关训练的非职业“把关人”——元宇宙用户。由于用户在元宇宙中的把关角色并不是单一的，而且平台还为他们提供了多种自主选择功能，所以用户自我把关的过程体现出多向化的趋势。

1. 输出信息把关

元宇宙用户在发布动态消息时，他们的身份就是传播者。他们一方面会对输出信息内容把关，另一方面也会对输出信息的目标对象把关。

元宇宙用户众多，每个人发布消息的心理动机并不完全相同，但目前许多学者都倾向于将主要动机归为拟剧理论提出者欧文·戈夫曼（Erving Goffman）称为“日常生活中的自我呈现”的心理需求，或者是拟剧理论的核心观点“印象管理”，即用户可能会选择性呈现积极正面的形象，隐藏负面的形象，力图在元宇宙上营造一个理想版本的自我形象。

与此同时，用户可以将个人页面设置为好友可见，或利用元宇宙的过滤器（filter）功能在发布动态的时候可以自由选择给谁看或者不给谁看，来实现对信息输出的目标受众进行把关。

2. 输入信息把关

用户不仅在发布动态消息的过程中存在把关行为，而且还会对他人发布的动态消息进行把关，即输入把关。输入把关可分为情感把关和认知把关。

情感把关主要是指用户根据个人情感喜好决定能够进入自己动态消息的信息传播者，那么那些在情感上得不到认可的传播者发布的任何信息都会被屏蔽。

认知把关是指用户对于同一个传播者发布的信息进行认知判断，以决定哪些信息是真实可靠的，哪些是虚假谣言，自动屏蔽那些认知不符的信息。

三、社交媒体时代“把关人”理论的优化建议

（一）区分主观把关与客观把关

通过对文献的回顾及对微信把关特点的分析发现，以往把关层级的分类基本上还是局限在主观层面，无论是个人、组织、社会层面的把关终究是个人或者是群体心理的体现，具有明显的主观性。元宇宙一直都是由数据驱动的，但其团队在不断改进 NewsFeed 技术把关能力的同时，也从一些实例中看到了算法与机器的局限性，开始重新将注意力放在人和算法之间的关系上。在算法团队之外，元宇宙还在全球范围内搭建了一个人工测评小组，他们的工作并不是简单地对算法筛选的结果标注出喜好与否，而是要深度且详细地阐述自己这一喜好评判的原因，旨在让产品设计避免走上“一味追求数据”的歧途。

大数据、云计算、算法等当下流行的计算机技术相对人而言具有明显的客观性，它们会通过收集的数据进行严密的数学计算，以得出理想的解决方案。通过这些技术的把关可以获得更精准的把关需求和把关效率的及时反馈，促进新媒体平台与传统媒体机构、个人把关的信息融合。很多学

者针对元宇宙等社交平台的谣言问题提出的解决方案是加强个人媒介素养，但是等待用户的媒介素养提高是一个漫长甚至不会发生的过程，所以目前如果能借助技术设计一些谣言筛选机制，就能在很大程度上帮助用户提高自我把关的能力。

（二）让研究回归“人”本位

虽然目前也有不少学者谈及“算法把关人”或者“数字把关人”，但基本偏向于把它们当作独立的把关“人”来看待，并认为它们正在塑造人们新的认知和行为模式，控制社会认知对世界的看法。[1] 可是人类发明技术的初衷难道不是为了填补自身能力的不足，更好地发挥主观能动性认识和改造世界吗？我们不能把客观把关放到和主观把关同等的位置上，而应该把技术看作是辅助人进行把关的工具。鉴于此，我们未来对把关的研究仍应该以主观把关为主，但不能忽视客观把关工具的辅助作用。

四、小　结

当下，社交媒体已然成为用户获取新闻信息的重要来源之一，分析社交媒体中“把关人”理论的适用程度及该理论跟随时代而产生的新变化是非常有必要的。本文通过梳理“把关人”理论的提出及发展，展示了其研究主体从单一到多元，研究层次从简单到复杂，研究模式从线性到网状的变化过程，再加上对主流社交媒体元宇宙中信息把关的具体特征进行分析，发现这一理论在经历媒体形式的巨变后，不仅没有像很多学者所预想的那样被新时代所抛弃，而是紧跟时代的发展焕发出了新的活力，研究内涵不断丰富，外延不断拓展。

---

[1] 胡泳，周凌宇．把关理论与现代社会的重构［J］．新闻与写作，2021（8）：41-51.

但要更好地适应不断变化的媒体形式，“把关人”理论的研究还应该回归本质研究。当把关主体不断多元化，除了从具体的主体出发研究各自的把关，还可以对其属性特征进行高度提炼，从而进行归类。本文认为研究“把关人”理论必须明确的一点是：目前我们所研究的信息传播主体是人，那么无论从哪个角度出发去探讨把关，都不能忽视人的核心地位。无论是作为“把关人”还是被把关对象，都不能忽视人的主观能动性。技术虽然是未来的发展方向，但技术也是人类集体智慧的结晶，其重要意义也是人类社会赋予的，脱离人来谈技术是没有意义的。因此，以人作为出发点来研究把关网络中各主体的关联可能是未来的一个重要研究方向。

英国全民阅读推广策略研究

王海歌

摘　要：在全民阅读上升到国家战略高度的今天，阅读推广工作呈现多样化的特点。国外阅读推广工作开始较早，在各领域的推广活动发展较为成熟。本文通过相关案例分析，以英国全民阅读推广为例，对其阅读品牌、阅读组织、阅读活动等方面进行介绍，以期对我国未来阅读推广工作的开展提出可行性建议。

关键词：英国；全民阅读；阅读推广

阅读对一个人的成长，甚至对整个社会的发展都有至关重要的作用。实现阅读全民化，建立阅读社会已经成为时代发展的大势。因此，大力推广全民阅读、普及阅读理念成为文化建设的重要任务。

18 世纪下半叶，“阅读革命”在英国、法国、德国等欧洲主要国家蔓延，20 世纪 90 年代后期，这些国家更是联合国教科文组织推广全民阅读的拥护者与实践者。多种多样的阅读活动使得欧洲国家有了丰富的全民阅读推广经验。因此，本文通过研究英国全民阅读的发展历程，借此为我国阅读推广工作提供可行的建议。

一、英国全民阅读发展历程

欧洲全民阅读推广活动兴起于20世纪90年代。欧洲阅读促进组织（EU Read）2000年成立于比利时的布鲁塞尔，开展面向全欧洲的阅读促进活动。目前，其成员包括来自比利时、英国、捷克、德国、意大利、荷兰、挪威、芬兰、瑞士、奥地利、波兰、丹麦、葡萄牙、西班牙和土耳其等国家的机构。该组织认为，阅读是今天全面参与媒体主导的多元文化社会的先决条件。这也为英国实现阅读全民化奠定了基础。

英国的全民阅读活动在20世纪80年代末开始萌芽，20世纪90年代逐渐兴起。20世纪80年代末，英国的一些图书馆陆续获得不同基金的支持和协调机构的资助，开始举办一些文学作品的推广活动，随后延伸到其他作品领域。

英国是世界上第一个提出“国家阅读年”概念的国家，在阅读推广过程中以政府为主导，公共图书馆为主要阵地，实体书店、民间公益机构等为重要支持力量。2008年，英国政府投入3700万英镑用于启动第二个国家阅读年活动，当时的英国首相布朗（Brown）和儿童、学校和家庭部大臣埃德·鲍尔斯（EdBalls）于同年1月8日与众多的阅读活动的拥护者共同参加了英国的图书馆阅读推广活动。

英国的图书馆阅读推广活动在基金会的支持和协调机构的帮助下得以广泛开展。20世纪80年代末，一些图书馆获得“公共图书馆发展激励计划”的基金支持，开始举办一些文学作品的推广活动，随后延伸到非小说作品。此后，协调机构相继成立，特别是开卷公司（Opening the book）的出现，提出了“读者发展”的理念。“读者发展”理念最早是在1995年由开卷公司的雷切尔·冯·里尔（Rachel Van Lille）提出的，它被定义为一种主动介入的实践活动，以增强自信和享受阅读，扩展阅读选择，提供分

享阅读经验的机会，并将阅读提升为一种创造性的活动，英国公共图书馆的阅读推广活动均以“读者发展”的名义开展。❶

二、全民阅读背景下英国阅读推广策略分析

英国在阅读推广上有着丰富的经验，其阅读政策、阅读组织、阅读活动及阅读空间的建设都有很强的借鉴意义。值得注意的是，英国在阅读推广中对于不同阅读人群参与的阅读活动都进行了反复的规划和设计，以提供个性化、精准化的阅读服务，能够做到让人们乐于参与并且从其中受益。

（一）阅读政策

英国的阅读政策主要体现在“阅读品牌国家化，政府主导引领方向”上。1998 年，英国工党政府上台后开始推行全国扫盲战略。该战略历时 7 年，英国政府为此斥资 5.53 亿英镑予以支持，而这也是时任英国首相的托尼·布莱尔（Tony Blair）发展教育事业的主要政策之一。❷ 直至今日，该活动对世界各国各地区全民阅读活动的推广仍产生重要的影响。此外，英国提出了全球首个“阅读起跑线计划”，旨在为学龄前儿童提供专门的阅读服务和指导。据统计，该计划惠及的儿童及其家庭每年增加 210 万人次。❸

将阅读推广上升至国家发展战略，并由政府自上而下地主导，可以保证阅读推广经费的持续投入和政策倾斜，这是阅读推广活动成功的主导力

---

❶ International Literacy Association：Home ［EB/OL］．［2020-10-20］．https：//www. literacy-worldwide. org.

❷ 吴云志，于洋．全民阅读的历史演进及时代价值研究［J］．图书情报工作，2021（8）：3-12.

❸ 陈永娴．阅读，从娃娃抓起——英国“阅读起跑线”（Bookstart）计划［J］．图书馆理论与实践，2008（1）：101-104.

量和助推器。如大力参与阅读推广活动，在任7年豪掷5.53亿英镑来推进扫盲战略的前英国首相布莱尔[1]；政府主导首次提出的英国“阅读年”概念，并在第二次国家阅读年活动中取得了巨大的成功。“Read Me”（我阅读）创新项目有1000多所学校参与签署，6本书挑战赛有7000位成年人参加，暑期阅读计划有23 000多个孩子参加，发放绘本25万册、图书馆为此吸引了230万新读者加入等。[2] 此外美国也热衷于阅读推广活动，历届美国总统里根、克林顿、布什、奥巴马（Reagan、Clinton、Bush、Obama）等都以阅读推广作为教育政策。

英国十分重视少儿阅读在全民阅读活动中的重要作用。用“分级阅读”的手段，逐步培养儿童的阅读兴趣，如图书馆少儿分级阅读服务与学校教育相结合，基于科学权威的儿童阅读分级标准提供高质量童书荐读服务等。目前，英国公共图书馆普遍采用“牛津阅读树”儿童图书分级法来帮助少儿选取更好的学习母语、逐步扩大知识面并提高阅读素养的儿童读物，并从自然拼读、起步阅读、综合理解、高水平阅读4个方面构建少儿分级阅读读物推荐体系，强化少儿阅读推广的针对性与实效性。

在少儿阅读推广方面，欧洲救助儿童会还启动了“拯救儿童”（Save the Children）阅读计划，该计划与当地的企业和组织合作，建立了小型免费图书馆（Little Free Library），在小型的户外棚屋里提供可借阅的书籍，还有室内的读书角供个人和团体阅读。另一种颇受欢迎的活动称为“故事小路”（Story Walks），沿着小路展示儿童喜爱的故事，孩子和家人一起边散步边阅读。

---

[1] 秦鸿．英国的阅读推广活动考察［J］．图书与情报，2011（5）：46-50+55.

[2] Programmers［EB/OL］．（2016-09-15）［2020-03-28］．https：//readingagency. org. uk/about/programmes/.

（二）阅读组织

1. 公共图书馆

在英国全民阅读实践中，图书馆扮演着十分重要的角色，与全民阅读形成了良性互动关系。一方面，图书馆是全民阅读的重要倡导、组织和实施者。图书馆因具备拥有丰富资源，明确词组含义（含计算机网络与软件），提供中立的、受欢迎的舒适空间和支持积极的公民权四项独特优势在全民阅读推广中居于核心地位。英美各级政府都十分重视公共图书馆的作用，将其作为民主制度的重要产物，认可其作为保障社会公平和实现公共服务目标的代理人角色。英国《未来的框架》中明确提出："图书馆是一个建立在共享理念上的非常重要的公共机构。"❶ 另一方面，通过开展全民阅读，图书馆的服务绩效得到了显著提升。英国博物馆、图书馆和档案馆委员会（MLA）的相关报告表明，目前，英国的公共图书馆已成为普通居民的社区中心，成为他们获取信息的重要来源。❷

2. 社会公益组织

英国阅读社（The Reading Agency）是 2002 年成立于英格兰的独立慈善机构，以鼓励更多的人读更多的书为使命，是英国阅读发展的引领者。阅读社负责每年制定阅读推广项目的详细方案，指导帮助图书馆、学校等机构开展活动。迄今为止阅读社组织的项目有夏季阅读挑战（Summer Reading Challenge）、预读计划（Reading Ahead）、快阅读（Quick Reads）

❶ 李锦霞．基于英国阅读推广实践经验之分析与比较研究［J］．山东图书馆学刊，2017（3）：68–72.

❷ 陈书梅．英国阅读社发展经验及对我国民间阅读组织的启示［J］．江苏科技信息，2020（9）：22–24.

及世界图书之夜（World Book Night）等。其中获得广泛效应的夏季阅读挑战、预读计划及快阅读是阅读社对应不同人群所采取的典型阅读推广模式。❶

通过参与和举办各式各样的活动，使参与者感受到了不同的阅读体验，并且拥有了平等的机会，可以在生活和工作中获得更多的机遇，拥有更好的生活质量。通过这些活动，不仅参与活动的读者在阅读能力上有了提高，对参与活动的组织者来说，各个部门相互配合完成各项任务，共同推动社会阅读的发展也有利于增强各部门、各组织的凝聚力。阅读可以使人们认识到自己的个人追求和个人潜力，因此，英国阅读社通过分享图书馆活动与营造阅读氛围来增强人们对“阅读可以使我们的生活不同”的意识。❷

3. 阅读志愿者

优秀的志愿者给英国的阅读推广活动提供了强大的人力资源保障，他们与活动参与者结为伙伴给予后者阅读指导并记录、反馈参与者的活动感受。2011 年 6 月至 2012 年 7 月开展的“伦敦读写冠军”（London Literacy Champions）活动，来自伦敦 20 余个城镇的 500 多名志愿者参与其中，他们为近 1600 户家庭提供了服务。这次活动的志愿者均从伦敦城镇的社区招募。上岗前，他们将会接受历时 5 周的集中培训，每周 1 ~2 小时。上岗之后，主办方给志愿者制订了为期 6 周的计划表，要求志愿者严格遵照表格开展工作，他们需要给服务的家庭提供读写辅导、发放问卷，还要陪同家庭的儿童成员做游戏并保证其人身安全。❸

---

❶ 岳春杰. 全民阅读背景下英国阅读社运行模式研究［J］. 出版广角，2020（9）：80-82.

❷ 同①

❸ 李龙，周文博，陈慧子. 英国阅读推广活动模式研究——基于 Storysacks 等 14 项活动的分析报告［J］. 四川图书馆学报，2019（2）：83-87.

（三）阅读活动

英国于1998年推出“阅读年”的概念，1998年和2008年分别为全国“阅读年”。1998年的“阅读年”旨在动员学校、家庭、图书馆、企业、媒体，共同推动阅读运动。其口号是“打造一个举国皆是读书人的国度”，最重要的活动之一是“送书到学校”。

英国政府拨款1.15亿英镑补充各学校的购书经费，并要求小学每天都有1小时的文学课程，以此来提升学生的读写能力。政府额外拨款1900万英镑培训小学教师如何教授阅读和写作课程；另外拨款80万英镑资助86个民间组织的阅读推广计划；2008年的“阅读年”旨在让父母和孩子一起阅读，从而改善儿童的阅读状况，其口号是“让国民爱上阅读，并将阅读当成生活中必不可少的一部分”。国家阅读年活动是由英国儿童、学校与家庭部与公益组织、国家文学委员会和阅读协会联合承办的。

英国政府投入3700万英镑用于阅读推广活动，当地的企业、媒体、图书馆、学校等文化教育机构，为阅读年活动提供强有力支持。目前，美国、日本、韩国等多国采用“阅读年”形式推广国民阅读。[1]

“阅读起跑线计划”于1992年由图书信托基金会、伯明翰图书馆服务部和基层医护服务信托基金会联合发起。该计划包括“阅读起跑线计划”“一起写作计划”和“国际儿童图书周”。例如，图书信托基金会获得20个儿童读物出版商的赞助；红房子书友会为英国的每一个新生婴儿免费提供“阅读起跑线”婴儿包，并和儿童读物出版商一起每年提供市值560万英镑的图书。

其增值服务是“阅读起跑线”高级包和“阅读起跑线”百宝箱，每年

---

[1] 英国：与时俱进共促阅读［EB/OL］.［2021-03-28］. http：IIwww. chuban. ccztj/sjdsr/gjdt/gjdtxw/201004/t20100428069733. html.

获得1960万英镑的图书赞助；英国政府设立“确保开始”中心，为“阅读起跑线”计划提供经费支持和辅助管理。目前，该计划的参与国包括日本、韩国、泰国、澳大利亚、美国、智利、意大利、墨西哥、波兰、南非和印度等国家。❶

(四) 阅读空间

全民阅读离不开实体书店的建设和有效服务，同时，由于图书市场的变化，实体书店的生存和发展也离不开各级政府的政策支持。

英国实体书店在阅读推广中的作用，我们可以发现将书店变“活”是其吸引读者阅读的方法之一。1995年英国实体书店数量为1894家，2005年为1535家，2008年为1350家，而2016年则下降至867家。2013年实体书店数量首次跌破1000家大关，由年初的1028家跌至987家，其中不乏像霍尔书店（Hale Bookshop）、旺兹沃思书店（Wands worth Bookshop）、多佛书店（The Dover Bookshop）、狮子与独角兽（The Lionop Unicorn Bookshop）等知名书店也未能逃过倒闭风潮。英国实体书店的经营者并未坐以待毙，而是积极探索逆潮而上之径，凭借自身努力完成涅槃重生。詹姆斯·当特（James Daunt）认为个性化服务和增强书店的体验感是实体书店发展的关键。

创建于1983年的厨师书店（Books for Cooks）时刻努力实践“Book + Cook”的融合理念，积极进行创新转型，不只做书店，更做生活体验馆，被誉为全球味道最好的书店。该书店的定位为美食书店，将书籍与味道有机链接，书店空间共有美食类图书8000余册。创办者海蒂·拉塞尔斯（Heidi Lascelles）独具匠心地在厨师书店对面的大型商场设立了一个体验

---

❶ 英国：与时俱进共促阅读［EB/OL］.［2021-03-28］. http：Ilwww. chuban. ccztj/sjdsr/gjdt/gjdtxw/201004/t20100428069733. html.

厨房，并推出检验厨房与烹饪工作坊两项服务，供消费者烹饪检测与体验。厨师书店的经营之道极为成功，营业额不断增加。海蒂未来的经营愿景是收集、整理与研究世界各国的烹饪书籍，满足不同国家、不同地区、不同种族、不同文化消费者的差异化需求。❶

三、英国全民阅读推广工作对我国的启示

我国阅读推广活动始于 20 世纪 80 年代，兴起于 20 世纪 90 年代，1997 年由中宣部、文化部、教育部等 9 部门共同实施“知识工程”，开始“倡导全民读书、建设阅读社会”。

2004 年开始，中国图书馆学会负责承办每年的“全民读书月”活动，从此开启了以图书馆为主要阵地的全民阅读推广活动。2006 年 4 月，中宣部等 11 个部门联合发出《关于开展全民阅读活动的倡议书》，首次将世界阅读日和全民阅读活动联合推广。

2009 年 11 月，由中宣部、中央文明办、新闻出版总署联合主办，深圳市委、市政府协办，在深圳举行的“全国全民阅读活动经验交流会”，进一步将全民阅读活动向深度和广度推进。目前，各类图书馆都纷纷加入全民阅读推广活动中。❷

2016 年，全民阅读工作首次被纳入《国民经济和社会发展第十三个五年规划纲要》，并被列为重大文化工程之一。2020 年 10 月，中宣部印发《关于促进全民阅读工作的意见》，全面部署深入推进全民阅读活动。党中央、国务院对全民阅读做出的一系列部署、规划和指导意见充分表明，全民阅读已经成为我国一项国家发展战略。

---

❶ 刘江波．全民阅读视域下我国读书会发展概貌及对策探讨［J］．新阅读，2021（8）：50-52.

❷ 刘莹．对全国文化中心与北京全民阅读建设的思考［N］．中国新闻出版广电报，2020-08-06.

但是在发展过程中依旧存在阅读组织不统一、阅读服务不到位等问题。首先由于我国阅读普及开始时间较晚，部分人对阅读的意义认识不足。在数字技术发展日新月异的现代社会，大众的阅读意识相对较弱。例如，在对北京市门头沟区某早教机构调研的过程中发现，家长愿意将孩子送到机构当中，尤其现在的“90后”家长，因为他们本身文化水平都很高，对孩子的教育要求更高，他们认为幼儿早期的启蒙非常重要，所以很乐意将孩子送到早教机构进行启蒙教育。但是其中很多家长在与阅读推广人谈亲子阅读的时候，他们却不认为阅读很重要，或者说他们认为阅读很重要，但是因为没有时间，没有精力去陪孩子进行亲子阅读，所以他们宁愿花巨额的早教费用将孩子交给老师，却不愿意亲自带着孩子进行阅读教育启蒙。

同时，我国农村地区由于自身地理条件的限制，部分地区是山区、半山区。一些山区、半山区的经济发展相对落后，人们文化水平也参差不齐，现在更是面临人口结构不均衡的问题，老龄人口占山区、半山区人口的大多数。全民阅读工作还未真正覆盖“全民”。在乡村推广阅读不能只是为了完成任务将设施配套到位就够了，要从实际出发考虑这个特殊地区、特殊群体真正需要的内容。

从提供阅读服务的专业化角度来看，我国缺乏长期合作的阅读推广专家学者和培训人才。不管是公益性质的图书馆还是实体书店、益民书屋，都有各自开展的形式多样的活动，也都取得了一定效果，但从实际来看，却反映出部分活动效果较差、对受众没有吸引力等问题。大部分活动，都是自己策划、开展并通过线上线下的方式通知周围居民。活动中，只有少部分具有影响力的阅读推广人参加，活动组织没有专业策划及推广人士指导则难以长期、定期开展。同时，也缺少助力阅读活动的志愿者。全民阅读活动不仅仅是政府引领，图书馆、企业和书店等参与，更要发动社会力量参与，只有这样才能真正实现阅读的全民性。

从阅读推广的效果来看，很多阅读推广的负责人是兼职的，其本身还有很多行政工作要做，没有精力和时间专注于阅读推广上。另外，社区缺乏专职有能力的工作人员，活动开展时策划和组织也不专业。社区阅读推广的阵地是社区图书室，目前在很多社区图书室就是一室多用，因为受客观条件约束，街道中很多社区都是拆迁社区，图书室没有活动的时候就是会议室，这种一室多用的情况，也会制约社区全民阅读活动的开展。

从阅读场所建设的角度来看，社区层级缺少有特色、能吸引人的公共阅读场所，一些有特色的实体书店数量还很少。尽管我国在逐步推进阅读设施的建设，但是在提供传统售书、看书服务的基础上，一些其他的服务体验及一个舒适、安逸和服务周边的公共阅读空间仍然不足，还不能吸引人来，未能带动人们融入读书的氛围当中。

因此，针对我国在阅读推广中出现的问题，以及在分析英国全民阅读发展过程的基础上，对我国未来阅读推广与发展提出相关建议。

（一）充分发挥政府主导作用，完善阅读立法

第一，政府作为全民阅读推广工作中的主导力量，通过制定和落实阅读政策将阅读推广上升到国家战略，有利于加强国民对阅读的重视程度，进一步普及阅读理念。在我国经济发展较好的地区，文化建设也成为城市建设中的重要一环。比如深圳市“城市书房”建设、北京市“一区一品”建设等都体现出全民阅读建设在政府的引导下逐步发展成熟。但在经济发展较为落后的地区，尤其是广大乡村地区，存在全民阅读推广较为缓慢、活动效果不显著、居民参与率较低等问题。因此对于阅读推广发展中不均衡的问题，更要从政府层面予以重视，加快弥补城乡“阅读鸿沟”，推动我国阅读真正实现全民化。

第二，欧美发达国家通过高度重视阅读立法和加大阅读立法的力度及设立阅读活动年或阅读活动日等方式，为国民阅读提供了强大的法律和制度保障。而我国阅读推广始于2006年，起步较晚，尽管发展势头良好，但缺乏有效的立法监督体系，缺乏统一的评价机制。因此，当务之急是应尽快出台全民阅读活动法案，确定儿童“阅读日”“阅读周”“阅读月”或“阅读年”等特殊活动日，以培养公民的阅读习惯，促进全民阅读。[1]

（二）建立全国性阅读联盟组织，实现合作共赢

首先，我国民间阅读组织可以通过阅读联盟的方式打造统一的品牌项目进行长期运作。品牌的内容和形式要精简，提供统一的资源工具包，同时要有有效的物质和精神激励，抓住参与者的阅读热情。

阅读推广项目须要根据社会需求进行一定的创新。新的阅读项目可以在小范围内进行试点，有了好的效果后再大力推广。如在社会老龄化的浪潮下，民间阅读组织可以开展针对老年人的阅读推广项目，推出适合他们的主题内容，满足老年人的精神生活需求。

其次，民间阅读组织可多尝试与基金会等组织的合作。基金会、图书馆、民间阅读组织三者形成合理分工、合作共赢的模式。基金会提供资金支持与项目的筹备保障，图书馆负责制定政策、制度保障、组织人员协调，民间阅读组织可以负责具体的项目执行。

（三）精准细分读者群体，强化阅读服务

根据相关研究，对欧洲阅读联盟网站上涉及年龄类别的49个阅读项目进行分析，发现其阅读项目受众群体定位准确，按照年龄段可分为：婴儿

---

[1] 王萍．国外阅读推广活动经验剖析［J］．图书馆工作与研究，2013（10）：107-109.

类、低幼儿类、小学生类、青少年类、青年类、成人类、老年人类等。在儿童成长过程中，他们的阅读能力逐渐增强，社会活动范围稳步扩大，阅读机构所开展的活动重心也转移至中小学校、图书馆等公共场所，活动内容与其日常生活紧密联系。有5个国家的7个阅读推广项目未明确划分参与者年龄，但其阅读推广活动的对象依然是青少年，成年人在阅读活动中处于次要地位，他们多以“阅读榜样”“志愿者”或亲子互动等形式参与。

因此，对于我国来说，应该重视分级阅读。在普及阅读的基础上，将不同读者按照年龄、职业、文化程度、阅读需求等标准进行细分并推送相关阅读书目，由专业的阅读领读者进行导读，逐步实现阅读的常态化。

疫情影响下跨文化教育的新尝试

王静雅

摘　要：2020 年，一场突如其来的新型冠状病毒肺炎（以下简称“新冠肺炎”）疫情打乱了人们的生活节奏，也使得许多学生去国外接受教育的计划受到了影响。但在这期间，基于互联网技术的在线 COIL 课程及 WhatsApp 软件、Teams 软件为不同国家的学生接受跨文化教育提供了新的灵感，让学生更快地适应异国文化，减少了文化折扣的出现，但在其中也遇到了困难。本文运用文献分析法及个案研究法提出线上跨文化教育存在的时区差异问题、语言差异带来的心理障碍问题等，指出线上跨文化教育的优势和困境。通过研究得知，学生的跨文化教育同样需要教师的辅导。各个学校已经注意到了这一点并加强了学生课前的跨文化知识教育，设立了不同的文化中心。新型虚拟现实技术的渐渐兴起也进一步降低了线上跨文化教育的不现实感，使得线上跨文化教育愈加成为未来疫情常态化下的新尝试。

关键词：线上跨文化教育；文化折扣；文化适应

随着人类文明的发展及世界文化的多样化，国与国之间的距离早已不受地理上的限制，虽然存在不同的语言和生活习惯，但彼此之间的文化却在缓慢融合，全球化进程的加速更是促进了这一融合的过程。跨文化教育是发生在不同文化和不同民族之间的教育活动，开阔视野和培养跨文化交流技能成了广大学生追求更高级别教育的良好选择。然而2020年突发的新冠肺炎疫情阻碍了学生们提升自我的脚步，出于安全的考虑，许多学生或是放弃或是暂缓了出国接受教育的计划。随着互联网技术的发展，线上跨文化教育逐渐进入人们的视野，并以其便利的学习条件和舒适的学习环境获得了师生的支持和喜爱，但与此同时，跨时区学习的时间差和语言差等问题也逐渐显现出来。本文通过文献分析法和个案研究法分析线上跨文化教育的优势和困境，为未来疫情常态化下的跨文化教育提出新的尝试和构想。

一、有关跨文化教育的概念界定

跨文化教育（Intercultural Education）在20世纪70年代于欧美国家兴起，虽然在发展背景和发展内容上各有不同，但总的来说，文化多元化的发展驱动了跨文化教育的发展。[1] 有关跨文化教育的定义，学界一直存在不同的观点。联合国教科文组织在1992年发布的《教育对文化发展的贡献》中正式提出了跨文化教育，并认为跨文化教育是面向全体学生和公民设计的、促进文化多样性的相互尊重与理解和丰富多彩的教育。[2] 跨文化教育能够促进学生对不同文化的融入，加强国际之间的理解；我国1998年出版的《教育大辞典》也收入了“跨文化教育”这个词条，该词典对跨文化教育的定义是：一是在多种文化并存的环境下同时进行多种文化教育，或以一种文化为主兼顾其他文化的教育。二是在某个文化环境中成长的学

---

❶ 宋隽．全球化时代的跨文化教育研究［D］．济南：山东师范大学，2017.

❷ 何敏．联合国教科文组织跨文化教育研究［D］．苏州：苏州大学，2016.

生，到另一个语言、风俗、习惯和价值观、信仰都不同的文化环境中去接受教育。三是专门设置跨文化的环境，让学生接受非本民族语言、风俗、习惯和价值观的教育。❶ 通过比较上述的定义不难看出，虽然有着不同的定义，但跨文化教育总体可以归纳为在不同文化和不同民族之间的教育活动。对于学生们来说，跨文化教育使其能接触不同国家的文化，开阔国际视野，提升个人素质。

二、跨文化教育的新形式：线上课程及应用程序的使用

在新冠肺炎疫情的影响下，线上进行的跨文化教育突破了出国留学的传统模式，成为跨国、跨文化教育的新形式。学生省去了从前较为烦琐的流程，只需选择任意地点便可登录应用程序，完成课程任务。下面将分析相关线上课程及应用程序，借此研究其在跨文化教育中的应用。

（一）线上跨文化教育课程及相关软件介绍

由于突如其来的新冠肺炎疫情，许多大学生出国接受教育的计划受到了影响。但是随着信息技术的不断发展，基于互联网技术的新型课程和软件逐渐成为大学生接受跨文化教育的新选择。由圣何塞州立大学发起的合作在线国际交流学习（Collaborative Online International Learning，COIL）是近年来兴起的一种具备创新力及成本效益的教学方法，旨在增强学生对日常常规课程的体验感，让学生足不出户即可与其他国家的学生共同学习。COIL由来自两个国家的教师共同开发及教学，学生通常参与在线协作小组项目，如室内设计课程等，并在全球社会文化背景下设计解决问题。COIL在传统课程的基础上进行了重新设计，围绕可持续发展和社会创业两个新

❶ 顾明远．教育大词典［M］．上海：上海教育出版社，1998：916.

主题，培养学生在跨文化背景下的学习和交流能力及与来自不同文化和不同时区的人共同工作的能力。❶

除了 COIL，一款关注在正式与非正式空间中进行交互与通信的应用程序 WhatsApp 正在高等教育中兴起。WhatsApp 允许用户发送文本、文档、图像及表情符号等，是当今使用较为广泛的交流工具之一，特别是在跨文化学习中，学生使用 WhatsApp 与外国教师和同学建立异步通信，完成课上内容制作、共享文件、制作视频及音频等。❷ WhatsApp 使用频率最高的功能之一是发送表情包，在 Emoji 表情图标百科及统一码联盟（Unicode Consortium）的支持下，更新于 2017 年的新版本 WhatsApp 已包含 8518 个字符，其中有 56 个字符拥有对应的表情符号，包括人物、动物、情绪等。学生在跨文化学习的过程中发送表情符号以表达情绪和感觉，借此辅助课程进行。❸

秉持合作办学、丰富经历的理念，英国斯特灵大学在 2021 年与南京大学、北京印刷学院等高校开展线上交流课程。新冠肺炎疫情的出现没有成为交流的障碍，2021 年的线上交流通过应用程序 Teams 进行。Teams 在 2017 年由美国微软公司推出，虽然其免费版的推出是为了与同类应用软件进行竞争，但作为一款工作场所协同软件，Teams 能够胜任不同的交流需求。斯特灵大学与中国高校的交流项目依托其基础学科优势，集中优质学术资源，培养专业的出版人才。课程包括数字创意、图片新闻等，着重培养学生创造力和批判性思维，在学习的过程中提升学生专业素养和交流能力。

---

❶ LIU Y J，SHIRLEY T. Without Crossing a Border：Exploring the Impact of Shifting Study Abroad Online on Students' Learning and Intercultural Competence Development during the CCOVID-19 Pandemic［J］. Online Learning，25（1），182–194.

❷ VEYTIA-BUCHELI M C，GÓMEZ-GALÁN J，VERGARA D. Presence of New Forms of Intercultural Communication in Higher Education：Emojis and Social Interactions through WhatsApp among Graduate Students［J］. Education Sciences，2020（10），17.

❸ 同②

（二）应用程序辅助跨文化教育

1. 面对面视频：加快文化适应

中国有句古话：在家千般好，出门万事难。传统的出国留学使得很多学生由于初到一个陌生的环境，产生了焦虑等不适应的情绪，这是一种文化休克（culture shock）现象。人类学家奥伯格（Kalvero Oberg）认为，在日常生活中，人们总是有许多自己熟悉的社会交往符号，它们决定了人们生活的方方面面，一旦文化语境发生改变，人们就会在心理上产生一种深度焦虑，这就是文化休克。❶ 第一次出国的学生在面对全新的环境时，内心既充满了好奇，也充满了对未知的不确定性及恐慌，这种恐慌和焦虑在一定程度上影响学生对外界信息的接收和处理，进而影响了其跨文化交际的能力。线上应用程序尽可能避免这一点，学生们坐在熟悉的环境中，打开电脑甚至是手机即可登录进入教室，与教师面对面对话。此外，高效的互联网技术能够尽量降低延迟，使得声音和图像几乎在瞬间传递，保障了学习效率。作为在线协同软件，Teams 还可以对教师的授课内容进行录制，方便学生课后回放，学生还可以选择是否开启字幕进行实时翻译，这类功能无疑提高了学生在跨文化环境下的适应性。1960 年，奥伯格提出了文化适应（acculturation）的“U 形模式”，认为文化适应大致表现为四个基本阶段：蜜月期、危机期、恢复期和适应期，分别对应人们在接触异国文化时的表现。❷ 一般来说，当学生选择传统方式时，会依次经历上述四个阶段，不断地调整自身以适应新的环境。但在以 WhatsApp 和 Teams 为例的在线交流中，学生只需选择自己熟悉的地点和环境，因此加快了危机期的

---

❶ 孙英春．跨文化传播学导论［M］．北京：北京大学出版社，2008：251.

❷ 同①

度过，更快地适应了新的文化。

2. 小会议室：提升谈话私密性

由于课程内容需要，教师会设置讨论环节，为了保证每名学生都能充分融入且彼此不受影响，一般会选择分组讨论。如斯特灵大学在“数字营销与出版”课上，教师提前发布需要阅读提炼的内容，之后在 Teams 上依次将学生分组讨论。教师可以选择随机分组或者指定分组，为学生营造自由、开放的讨论氛围。除此之外，斯特灵大学的模拟面试课程也通过小会议室进行，由一名相关行业资深从业人员担任提问者，一名教师担任观察者，每名学生都根据其制作的简历被分到不同的小组进行模拟面试。亚里士多德认为，当人们抱有友好态度或憎恨态度的时候，抱有气愤态度或温和态度的时候，他们对事物的看法不同，不是完全不同，就是有程度之差。[1] 如上文所述，初到陌生环境的学生在内心里会产生困惑、焦虑等不确定感，他们虽然渴望快速结交朋友，适应新生活，但由于对陌生文化的胆怯，使得他们或多或少有所顾虑。因此一个建立在线上的小会议室能够使学生之间的交流更加顺畅，能激发学生的表达欲望和积极的学习态度，使之做出更勇敢的尝试。参加斯特灵项目的学生 Z 坦言：“我觉得（小会议室）首先是私密效果好，教师可以直接将学生分成几个小组，分别拉入不同的小会议室，对于面试而言需要的是安静的环境和隐私的保证。小会议室没有教师的邀请其余人不能进入，这样可以保证面试顺利进行，也可以保障面试者的隐私安全。”“还有就是非常便捷，尤其是对于大班制的班级。在新冠肺炎疫情的影响下，许多学校不能正常上课，线上学习成了常态，通常班级中的人数都超过 20 人，这样就很难管理，尤其是布置小组任

[1] 孙英春. 跨文化传播学导论［M］. 北京：北京大学出版社，2008：251.

务的时候，教师不能兼顾，学生也只能通过其他通信软件拉群讨论。Teams 提供的小会议室可以直接在软件内完成分组，在完成讨论后直接回到大会议室向老师反馈讨论的结果，教师也可以在每个小组会议中进行观察聆听，便于记录和了解。”从学习者的角度讲，相比线下面对面的实际讨论，线上分组讨论更好地保护了自身观点的私密性，在感知上更加放松，因而能更投入地参加讨论。

3. 聊天区：发送表情包减少文化折扣

文化折扣（cultural discount）又称文化贴现，由霍斯金斯和米卢斯（Hoskins and Mirus）在其 1988 年的论文《美国主导电视节目国际市场的原因》中首次提出，是指由于文化差异和文化认知程度的不同，受众在接受不熟悉的文化产品时，其兴趣和理解能力等方面都会大打折扣。文化折扣产生的原因归根结底是文化的不同。区别于同本国教师的交谈，学生在接受文化背景不同的国外教师教授的内容时，可能会有“听不懂”，或者“听懂了，不知道怎么做”的现象，又因为不敢或不知如何提问而产生犹豫，直接提问又怕打扰老师上课，此时表情包的作用就体现出来了。传播学教授邹振东认为，人类在传播能力上比动物优越的地方，除了语言就是表情，而新媒体让一种原始的传播工具在新技术条件下复活，这就是表情包。表情包在更高层次上复制了人类最原始的表达工具，也使得这种工具能够脱离身体，以一种符号的方式进行传播。[1] 玛利亚·瓜达卢佩·维蒂娅·布切利（María Guadalupe Veytia-Bucheli）和何塞·戈梅斯·加拉（José Gómez-Galán）等人针对墨西哥大学本科生在 WhatsApp 上使用表情包的情况进行了调查，统计了墨西哥大学本科生日常使用表情包

[1] 邹振东. 弱传播［M］. 北京：国家行政学院出版社，2018：155.

的频率和原因（表1），以及表情包的优缺点（表2、表3）。其中表1的调查使用了定量研究法及横断式研究法，共调查人数 103 人。其结果显示，所有受调者在 WhatsApp 上都有使用表情包的习惯，其中 99% 的受调者每天都使用，1% 的受调者一周才使用一次，这表明在 WhatsApp 上学生使用表情包的频率正迅速增长。针对使用表情包的原因，被提到最多的是“使对话更加愉快”，平均值为 3. 31；其次是“产生共鸣”，平均值为 3. 26；其他原因包括“增强社交凝聚”“表达我的情绪”等。这表明在学习或者谈话中，学生喜欢把表情包当作情绪的宣泄口，愿意通过表情包表达自身的感觉。调查者邀请调查对象写下他们在 WhatApp 上使用表情包的优缺点，共得到 132 条回复。其中被提到最多的优点为“让人放松，灵活，享受，更加亲近”，共 45 条；其次是“能够表达情绪，能够给出我的反应”，共 26 条。而提到表情包的缺点，有 37 个受调查者认为“没有准确传达我的意思”。有 16 条回复认为没有缺点，其他还提到了“使用频率过高”“浪费时间”等。

表1　墨西哥大学本科生在 WhatsApp 使用表情包的原因及频率

使用原因	平均值	标准差	最小值	最大值
表达亲密感	2. 78	1. 28	0	4
产生共鸣	3. 26	1. 13	0	4
鼓励社交	3. 02	1. 27	0	4
增强组织信任感	2. 98	1. 22	0	4
增强社交凝聚	2. 73	1. 24	0	4
促进同龄人之间的交流	3. 00	1. 16	0	4
创造良好的工作和合作环境	3. 07	1. 11	0	4
让对话更加愉快	3. 31	1. 15	0	4
调节和同学之间的对话	2. 82	1. 34	0	4

数据来源：根据墨西哥大学本科生使用表情包习惯的调查数据整理。

表 2　墨西哥大学本科生提到的使用表情包的优点

优点	频率	百分比/%
放松、亲密、灵活、享受	45	43.68
表达情绪、心情，给出反应	26	25.24
加速对话完成	11	10.67
实用	8	7.76
省时	7	6.79
增强信息理解	7	6.79
强调信息	6	5.82
让对话更加可视化	5	4.85
让对话不那么生硬	4	3.88
省事	3	2.91
表现个性	3	2.91
方便	2	1.94
提供情绪化表达	1	0.97
表达清晰	1	0.97
表达观点	1	0.97
避免误解	1	0.97
重复强调信息	1	0.97

数据来源：根据墨西哥大学本科生使用表情包习惯的调查数据整理。

表 3　墨西哥大学本科生提到的使用表情包的缺点

缺点	频率	占比/%
误解意思	37	35.92
没有缺点	16	15.50
意思不清楚	15	14.56
不严肃	11	10.67
让对话字数过少	11	10.67
使用频率过多	6	5.82
偏离对话重点	3	2.90
人际关系受损	1	0.97
部分信息丢失	1	0.97
浪费时间	1	0.97
图像过于饱和	1	0.97

数据来源：根据墨西哥大学本科生使用表情包习惯的调查数据整理。

可见，随着信息通信技术的发展，智能应用的使用使得学习方式变得更加现代化和多样化，表情包的使用已经不再是单一的、个体的行为，而是大众的、多元的手段。在和来自不同文化的老师交流时，学生可以选择类似竖起大拇指、笑脸等表情包来表达自己的情绪，这些表情包具有高度的文化共性，因而在线上的跨文化交流中不会产生较大的文化折扣，也因此避免了由于文化折扣而产生的误解。

三、线上跨文化教育的困境及策略分析

（一）线上跨文化教育的困境

现代社会的发展及教育水平的提高对跨文化教育提出了新的要求，在没有新冠肺炎疫情的时代，学生们不远万里到新的国家，适应新的学习和生活习惯，但在新冠肺炎疫情的影响下，出于对安全的考虑，许多学生终止了出国留学的计划。然而电子信息和通信技术的发展使得如今的人们能够在相距一万公里的距离内进行交流，信息社会为人类提供了便利，将属于不同国家的语言、文化和习俗融合在一起，但同时也产生了相应的问题，下面将进行具体分析。

1. 时区差异打破原有的学习习惯

古语有云：以东西经度定天下之衡。两地经度相去三十度，则时刻差一辰。若相距一百八十度，则昼夜相反焉。如果说出国留学的学生在上课之前倒了时差，适应了当地的作息习惯，对此较不在意，那么在线上学习的学生则成了时差的“第一受害者”。以圣何塞州立大学 COIL 课程为例，一些学生写道：“与国际团队的合作再次向我展示了工作时区

的重要性，如果没有人负责并推动团队成员，那么这种沟通有点困难。”❶ 美国与德国之间的时差为 6～7 个小时（分别为冬令时和夏令时），这意味着如果以美国的上课时间为主（8：30—10：00），则对应的德国时间为 17：30—19：00，这可能打破了一些德国学生的原有作息规律。虽然 COIL 每天的课程同时包含同步活动，如现场讲座、分组讨论、嘉宾演讲等，以及非同步活动，如小组作业，但不同的时区并不能保证两国学生拥有同等的精神状态。

2. 语言差异引发学习压力

跨文化交流和学习不仅是人与文化之间的对话，更是人与人之间的直接接触。在这种情况下，参与线上跨文化学习的学生可能会发现，与直接出国留学的学生不一样，自己的语言进步并不是特别快。由于待在自己熟悉的环境中，没有沉浸式听外语的体验，刚开始上课的学生会感觉语言差别带来的直接压力。库特拉基（Koutlaki）和埃斯拉米（Eslami）在论文中重点介绍了文化分析理论模型在跨文化学习中的应用，虽然该模型最初是基于波斯语和英语提出，但其主要观点同样可用以提高其他背景的学生的跨文化交流意识。❷ 库特拉基使用民族志的研究方法，分析了波斯语中的面子和礼貌（face and politeness）与英语的差异带来的影响。他指出，波斯语中对面部表情的描述的基础是脸（face），被描述为“最私人的财产及安全和快乐的中心”；一个人在社会中的地位会限制他的某些行为。在波斯语中，面孔的概念化是通过语言行为与非语言行为进行编码的，基于尊

❶ LIU Y J, SHIRLEY T. Without Crossing a Border: Exploring the Impact of Shifting Study Abroad Online on Students' Learning and Intercultural Competence Development during the CCOVID-19 Pandemic [J]. Online Learning, 25 (1), 182-194.

❷ SOFIA. A. KOUTLAKI, ZOHREH. R. ESLAMI. Critical Intercultural Communication Education: Cultural Analysis and Pedagogical Applications [J]. Castledown Publishers, 2018 (3), 87-96.

重、谦逊和亲切的原则。伊朗人彼此之间的尊重通常是基于平等，并通过向他人展示自己的尊重来直接或间接承认他人优于自己。在语言上，伊朗人偏向使用敬语，虽然有些敬语不总是反映现实，比如有些长者可能会降低自我以提升对方，且 TLN（头衔 + 姓氏）的使用比英国更加普遍；在高等教育中，说话者会使用头衔 + 姓氏的方法称呼对方，而在私人环境下则直呼其名，在英国情况正相反，在同样的环境中，说话者一般都直接称呼对方名字。

除了称呼方式上的不同，在波斯语中还存在“表面邀请”（ostensible invitation）的行为，这种邀请通常发生在伊朗人被搭车时，他们会主动邀请对方到家里吃饭喝茶，但这很少被当作是真诚的邀请，因此被拒绝是他们唯一预期的反应。而在英语环境中，同样的情况下，这种邀请则会被当作是正面邀请，因此会出现接受或拒绝两种答复。

以上基于语言方面的差异无一不与文化息息相关，线上学习的学生在课前如若不对彼此之间的文化有一定的了解，那么即使在课上意识到了差异也无法做出及时调整，从而增加了学习压力，甚至可能会闹出笑话。因此，在接受跨文化教育之前，具备必要的跨文化知识十分重要，下文将进行具体分析。

（二）应对线上跨文化教育困境的策略

1. 克服心理障碍，提升语言能力

良好的交流能力是进行相关活动的基础。不论是线上还是线下，语言的交流都是重中之重。作为文化的核心特征，语言构成了人的世界，语言的差别是不同文化间最重要的区别之一，是同文化传播与跨文化传播相区别的显著标志之一，也是跨文化传播最大的障碍之一。只有具备了相应的

语言能力，才能更好地适应跨文化学习。

如前文所述，参与线上跨文化学习的学生，身处自己熟悉的环境，除上课时间外接触的大部分都是母语，因此在上课的时候可能会产生心理障碍，感觉自己的发音不准，语法不正确而害怕发声，或者担心因为文化上的差异，自己的话会产生歧义而不敢多说，这种情况则需要教师的引导及学生的自我调整。从教师的角度讲，可以根据相关教材，对学生的语言能力进行培养。库特拉基认为，这种语言教学的目的不仅是帮助学生在语法上达到流利，而且帮助他们能够使用目标语言与不同的对话者交流并塑造关系。他还提到，虽然语言教学的普遍趋势是专注于让学生了解语言中的规则，但更重要的是要考虑学生能否在讲目标语言的同时还使用目标文化的思考和表达方式，斯特灵大学交流课设立的模拟面试环节充分证明了这一点。在模拟面试课上，学校根据学生创建的简历邀请了相关行业的资深从业者，从专业的角度考查学生的职业表达能力。在课后点评环节，编辑斯蒂芬妮（Stefanie）说道："我知道问题很难，但你们都在努力思考，避免让面试陷入沉默。需要注意的是，你们都习惯从自身文化出发表达自己的想法，我知道这是人的通病，一边说外语还要一边思考很难，但大家应该尽力克服，尤其是在职场或者面试这样的正式场合。"❶ 可见，跨文化的交流学习要求的不仅是词汇和语法的正确度，更是表达方式的适应度，要清楚外语并不是简单地将自己想说的话逐字逐句翻译过去，而是在考虑文化差异的情况下，尽可能多地让对方明白自己的意思。从学生的角度讲，

---

❶ ELAINE WATSON. Graduate Interviews [EB/OL]. (2021-07-02) [2021-09-12]. https://teams. microsoft. com/dl/launcher/launcher. html? url =%2F_%23%2Fl%2Fmeetup-join%2F19%3Abf802566d9f34fde8c52d13c4b6324cc%40thread. tacv2%2F1624620607501%3Fcontext%3D%257b%2522Tid%2522%253a%25224e8d09f7-cc79-4ccb-9149-a4238dd17422%2522%252c%2522Oid%2522%253a%2522e65a9529-79bf-4280-b14e-951f76d74f3a%2522%257d%26anon%3Dtrue&type = meetup-join&deeplinkId = f106745d-8535-4501-8044-91df7cae2a30&directDl = true&msLaunch = true& enableMobilePage = true&suppress Prompt = true.

在沟通时不要把怕出错放在首位，而是要把通过语言达成交往目的放在首位，勤加练习，减轻心理压力，轻松上阵。

2. 重视跨文化知识的培训

一场流利的跨文化活动不仅要求具备语言基础，更要求具备文化基础。学生在参与相关线上活动之前，如果没有提前了解目标文化，一问三不知，则会影响交流的效果。因此，学校应设立跨文化课程或举办跨文化交流活动，不仅帮助学生在理论上充实自己，更在实践中加以运用。喀山联邦大学就为来自全球91个国家的3000多名学生设计组织了各种致力于不同文化的跨文化交流节日和活动，如法语周、学生之春（Student Spring），除此之外还设立了不同的文化中心，如德国文化中心、孔子学院、跨文化对话中心等。[1] 设立这些中心的目的不仅是语言培训，更是帮助学生熟悉这些国家和地区的文化。学生在这些国家参与传统节日的庆祝，加深对该国的了解与认识。另外，跨文化对话中心还会与不同的院系和学术单位合作，制定并实施与跨文化教育相关的附加课，开展跨文化领域的研究，以便将科学和教育活动整合到社会活动中。换句话说，学生有无限的机会与别国的文化进行交流，提升自己的跨文化能力，以便成功适应现代的多元文化社会。

多种的交流形式将促进学生对不同文化、种族及社会的包容，喀山联邦大学设立的上述课程和活动旨在为跨文化的交流创造有利条件，旨在鼓励外国学生对另一个国家充满信心，因而能更迅速、更顺利地接受陌生的文化；同时，这些课程使得不同文化的学生能学会对他人的宽容，培养他

[1] NAILYA M. MUZAFAROVA, NARCIS I. BAGMANOVA, ALBINA R. ZABOLOTSKAYA. Intercultural Communication as a Basis for Continuous Multicultural Education［J］. The Journal of Social Sciences Research, 2018 (1), 544.

们与其他文化对话的技能，并且将这些技能直接用于专业活动甚至是未来的职业活动，扩大了他们的世界观和多元文化适应性。

四、新冠肺炎疫情影响下在线跨文化教育的展望

2021 年 2 月 9 日，国家传染病医学中心张文宏教授在谈到新冠肺炎疫情时表示，在未来相当长的时间里，新冠肺炎病毒会成为一种常态化的病毒，因此在线跨文化教育不仅仅是一次新的尝试，在未来更会成为两国师生交流和学习的新趋势。

（一）新的技术：虚拟现实技术的应用营造现场感

如果说只是通过互联网进行线上交互学习，难免会产生枯燥和乏味，那么近年来兴起的虚拟现实技术很大程度上改善了这一点。这项从 20 世纪发展起来的全新的实用技术囊括了计算机、电子信息和仿真技术，通过计算机虚拟环境而给人以环境沉浸感，随着科学技术的进步而愈发应用于生产和生活当中。COIL 课程对虚拟现实技术的应用进行了初步的体验。该课程要求学生为虚拟场景捕捉 360°的图像；使用谷歌游览创造工具（Google Tour Creator，GTC）创建关于自己的国家、城市和各类机构的虚拟旅游图像；使用谷歌头戴式显示器查看虚拟导览并最终在每周五举行的 Zoom 欢乐时光课上向全班同学进行展示。[1] 这种虚拟现实技术使得学生更加身临其境地体会到了来自不同国家的优美景色，有助于提高他们的跨文化技能。虽然新冠肺炎疫情的蔓延使得很多学生无法走到户外拍摄 360°全景照片，但谷歌街景为此提供了技术支持，学生可以自行合成并制作音频或者

---

[1] LIU Y J, SHIRLEY T. Without Crossing a Border: Exploring the Impact of Shifting Study Abroad Online on Students' Learning and Intercultural Competence Development during the CCOVID-19 Pandemic [J]. Online Learning, 25 (1), 182-194.

视频，向大家展示著名的历史或文化地标，或是一个自己认为有纪念意义的地方，师生之间分享交流，共同欣赏。

托马斯·雪利（Thomas Shirley）和刘英杰对参加 COIL 课程的学生进行了调查，最终得出大部分人对虚拟现实技术持积极的态度，比如有学生指出："通过虚拟现实技术的学习让我变得很有动力""GTC 用起来很方便。"在汇总的 9 条意见中，出现最多的词汇是 motivation（动力）。[1] 可见，新技术的应用增强了学生跨文化交流和学习的兴趣，学生欣赏虚拟技术的可视性并且渴望参与更多与课程相关的活动，例如虚拟参观德国汽车工厂等。总体来说，学生一致认为 GTC 易于操作，是一个很好的学习工具，同时虚拟现实技术也很好地支持了小组的协同创作。

（二）新的教学方法：使用喜剧电影教学跨文化交流

从出国留学到线上教学，从书本到电脑，科技的进步日新月异，学生对于跨文化专业知识的需求也不再仅仅局限于薄厚不一的课本。近年来，打破传统教学思维的跨文化教育频频涌现，卡罗尔·布里安（Carol Briam）则论述了在扎耶德大学任教时如何将喜剧电影整合到跨文化交际课上的经历。[2]

从影院的大荧幕到教室的小屏幕，故事片在跨文化交流的教学中发挥了重要作用。虽然电影的重要性不言而喻，但更重要的是如何选取一部能适用于特定的文化教学方法的电影。卡罗尔教授是基于七个原则来选取的：明显的概念，避免简单的文化讽刺，适应保守的文化环境，与商业有

---

[1] LIU Y J, SHIRLEY T. Without Crossing a Border: Exploring the Impact of Shifting Study Abroad Online on Students' Learning and Intercultural Competence Development during the CCOVID-19 Pandemic [J]. Online Learning, 25 (1), 182-194.

[2] BRIAM C. Outsourced: Using a Comedy Film to Teach Intercultural Communication [J]. Business Communication Quarterly, 2010 (4), 383-398.

关，与南亚文化有关，包含跨文化经历及教育意义和激励意义。基于这些考虑卡罗尔教授最终选取了《世界是平的》这部电影。电影上映于2006年，讲述了在削减成本的考量下，一家美国公司不得不将咨询中心大量迁移至印度从而发生的一系列意想不到的事情。卡罗尔教授在文中讨论了如何将《世界是平的》用于教学，并分析了电影作为教学方法的四个功能，即体验、案例、意义和隐喻。

把电影作为体验。从事跨文化交流教学的教师通过《世界是平的》展示该国的某些风俗和习惯，向学生介绍印度文化。从主角托德·安德森（Todd Anderson）抵达印度的那一刻起，学生们就和他一起面临着全新的体验。这部电影的视觉细节和以印度风格为特色的配乐相结合，将观众带入了托德的新世界。除了生活习惯和语言上的差异，托德遇到的最大困难还是文化的差异，如在办公室工作时突然闯进来一头牛；对一位女士产生好感时却得知她四岁就订婚的消息等。目睹托德面临的众多挑战，看到他闹出的许多啼笑皆非的误会，学生间接地丰富了自身的跨文化体验。

把电影作为案例分析。这部电影的许多情节为跨文化交际提供了具体恰当的案例，特别是当托德与资讯中心其他员工见面时的一段经历。托德告诉大家，在和客户沟通时要忘记印度，要听起来像一个美国人，只有客户觉得他们是在与以英语为母语的人交谈时，事情才会解决得更快。但是随着时间的推移托德却发现，只有主动了解印度才能更好地适应，他说："我以前在抵制印度，但后来我发现，一旦我屈服了，我反而做得更好。"托德的转变充分向学生们展示了文化适应的重要性。

把电影赋予意义。作为一部喜剧电影，《世界是平的》非常适合赋予跨文化交流以意义。在卡罗尔教授的课上，学生们会拿到一张表格，其中包含了一些术语，他要求学生们在空格中记录电影中展示文化维度的场景，包括高语境与低语境、个人主义与集体主义、高权力距离与低权力距离、不确定性规避、任务导向型与社会导向型。让学生在看电影的同时学习这些术语，把专业知识与娱乐融合在一起，让学生们更加放松，也更加加深了他们的记忆。

把电影作为隐喻。电影通常给人留下持久的回忆，在《世界是平的》中就有很多值得发掘的隐喻。例如贫富之间的距离，这个隐喻以围墙的方式出现，将托德居住的酒店与旁边简陋的小屋子隔开，后来托德将围墙推倒，这才发现住在旁边的人尽管贫穷，却有尊严、有智慧。一部电影的隐喻可以激发观众的想象力并提供一种体验现实的新方式，它们在电影中的出现可以引发观众对与电影相关的深层主题的讨论。[1]

卡罗尔教授的教学经历为跨文化交际的知识储备提供了新的方式，也为教师们提供了新的灵感，《世界是平的》是一个很好的例子，它引人入胜的情节和发人深思的隐喻为跨文化交流建构了一个具象的模型。与之相似的电影不在少数，教师在教学时可以用心甄别。

五、结　语

虽然新冠肺炎疫情的蔓延使得学生们前往不同国家交流学习受到了限制，但信息技术的发展让师生们即使足不出户也能够见到彼此。本文通过分析 COIL 课程、WhatsApp 和 Teams 应用程序的特点，比较了线上跨文化教育作为一种新形式的优势，即面对面的视频加速了学生们的文化适应；小会议室的设立保证了学生分组讨论或师生交流的私密性；聊天区表情包的存在更是进一步降低了文化折扣，简化了语言的表达。具备优势的同时也存在一些问题，如不同的时区有些学生可能会感到不适应、在网络上怕说错话而不敢开口等。总的来说，在线跨文化教育是一个全新的尝试，它

[1] BRIAM C. Outsourced: Using a Comedy Film to Teach Intercultural Communication [J]. Business Communication Quarterly, 2010 (4), 383-398.

打破了传统概念中的跨国模式，让不同国家的师生不再局限于距离和疫情的影响。未来在新技术的加持下，相信在线跨文化教育能够迈上新的台阶，为来自不同国家的教师和学生营造更理想的学习环境。

浅析英国传统媒体数据新闻对中国数据新闻的启示

杨 溪

摘 要：大数据时代，数据新闻的报道方式突破了传统的新闻叙事模式，在实践中逐渐形成了自己的应用形式和叙事特征。纵观全球数据新闻的发展历程，中国的数据新闻起步较晚，西方国家尤其英国在数据新闻报道中领先于中国较长时间，无论传统纸质媒体还是新兴互联网媒体，均在数据新闻报道上做出了许多创新尝试。然而，并不是所有报道形式最终都达到理想效果，报道中的数据来源良莠不齐，一些数据新闻报道并不能将新闻事实呈现的更直观。本文试图从英国传统媒体的数据新闻报道入手，使用文献分析、案例分析的方法，梳理其发展经历并进行研究，发现其优势及不足之处并分析原因，尝试总结出英国带给我国数据新闻发展的启示。

关键词：数据新闻；数据可视化；英国；财新网

在互联网信息爆发的时代，人们日常生活中接触的信息量逐渐增多，高效、直观地获取和阅读新闻这一需求的重要性也日益增强。数据新闻作为一种通过重点数据讲述新闻事实，使用可视化手段展现数据的新闻形式，能够将一些复杂、枯燥的新闻用清晰直观的形式传递给大众，其直观性、交互性的特点恰好迎合了受众对于高效获取和阅读新闻的诉求。网络技术的发展也使得数据新闻的报道形式更加丰富，应用场景更为广泛，功能也更实用和多样化。例如，新冠肺炎疫情期间，许多媒体采用可视化数据的形式，对疫情的确诊人数、行动路径进行报道，读者甚至可以通过数据新闻的交互功能主动选择想要获取的新闻信息，这是对传统新闻叙事模式的重要突破。

然而，数据新闻的生产流程相较于其他形式的新闻更复杂得多，其对于新闻生产者和机构的数据分析能力、数据可视化能力和计算机能力等要求较高，目前无论是我国还是世界各国都面临着专业数据新闻人才稀缺的问题。并且数据新闻中的核心元素“数据”的来源对于一则数据新闻的真实性起到决定性作用，而目前我国各个新闻媒体、机构制作和发布的数据新闻报道中的数据来源的确存在着良莠不齐的现象，很少有新闻生产机构拥有自己的专业数据库。因此，国内数据新闻的发展之路依然漫长。

纵观全球数据新闻的发展历程，国外尤其是西方国家的数据新闻发展起步早，覆盖的读者范围广，尤其是财经类媒体有天然优势。英国的全国性综合内容日报《卫报》创办于1821年，与《泰晤士报》《每日电讯报》合称为英国三大报，在数据新闻的生产和传播方面，是将大数据的思维方式和逻辑方法，引入新闻传播实践的倡导者和先行者。[1]《卫报》的数据新闻报道，随着信息技术的发展，经历了几次迭代，在内容上涵盖多种新闻题材，展现形式上拥有丰富的可视化效果，人员储备上拥有比较完善的数据新闻人才队伍。《卫报》作为英国有代表性的媒体，梳理其在数据新闻

---

[1] 陈凯君．财新传媒数据新闻的特色与启示［D］．南宁：广西大学，2020.

方面的发展历程、优点及出现过的问题，一定程度上可以反映英国传统媒体在数据新闻报道中的优势和不足，以期对我国数据新闻的发展提供一些思考和启示。

一、中英两国数据新闻发展历程概述

数据新闻，“用数据报道新闻，把传统的新闻敏感性和说服力的叙事能力，与海量的数字信息相结合创造了新的可能”。结合其前身“精确新闻”的概念，数据新闻也被认为是“基于数据挖掘与分析思维的新闻报道，也是数据驱动型的调查性报道或深度报道”。[1]

在英国，“数据新闻”这一名词的首次使用是在2008年，《卫报》在介绍一款可以将原始数据变成可以编辑的地图应用时，使用了“数据新闻”（data journalism）的说法。虽然“数据新闻”这一名词的首次出现是在2008年，但早在1821年5月5日《卫报》创刊的第一期的第一篇报道中，就有使用表格列出曼彻斯特各个学校的学生人数和所付的学杂费，用数据来辅助新闻报道的先例。

全球第一个建立专门的数据新闻部门的传统媒体也是英国《卫报》。2009年，《卫报》建立了“数据博客”（data blog）专栏。这一数据新闻部门的主要工作是对数据进行收集、清洗、筛选、分析，最后完成可视化呈现叙事过程，其数据新闻的报道内容不仅涵盖传统媒体涉及的政治、经济、社会生活等内容，还独家报道军事战争、气候变化、治安犯罪等具有国际视野的题材，[2] 例如，《维基百科伊拉克战争日志：每一次死亡地图》《2011年伦敦骚乱事件》等多篇优秀的数据新闻报道。

---

❶ 訾培利．聚焦数据开放——国内外数据新闻研究综述［J］．新闻研究导刊，2019（21）：119-121.

❷ 李敏．手机报内容研究——以《新闻早晚报》为考察中心［D］．济南：山东大学，2012.

我国的数据新闻则是伴随着互联网的发展而起步的，国内最早开始进行专业的数据新闻生产的组织机构并不是传统新闻媒体，而是国内的互联网新闻门户网站。2011 年，搜狐网推出了一个名为“数字之道”的新闻栏目，可视化数据的使用在该栏目发布的第一篇报道《财政收入：税收分配系统的金融样本》中发挥了重要作用。随后，网易也在2012 年1 月开设了名为“数据博客”的新栏目，这一时期由这些门户网站生产传播的数据新闻报道几乎都在使用各种风格的彩色图表及描述性文本来解释数据，使得数据传递的信息更加直观清晰。同年，新浪网和腾讯网也分别开设了各自的数据新闻门户网站。

而“数据新闻”这一术语传入中国并引起业界、学界的关注则是在2013 年，有关数据新闻研究的集大成之作《数据新闻手册》的中文版于2013 年在网上面向读者开放，推动了“数据新闻”这一概念在中国的普及。[1] 在之后的几年里，传统媒体也开始陆续增设数据团队，为线上网站制作数据新闻。这些数据新闻报道涉及多个领域，其中最广泛使用也是最受欢迎的是经济、金融、文化和教育类，政治和突发事件偶尔也会以数据新闻的形式进行报道。

此后，随着国内信息技术的飞速发展，我国的数据新闻也蓬勃发展起来，其中表现最为突出的是财新网的数据可视化实验室“数字说”。2018 年由 GEN（Global Editors Network）发起的全球数据新闻奖（Data Journalism Award）评选活动中，该数据新闻团队获得了“最佳数据新闻团队（大型新闻室）”奖，这是中国媒体首次在全球数据新闻领域获奖，此次获奖也象征着中国的数据新闻发展在世界已经达到一流水平。

2020 年新冠肺炎疫情期间，中国各大媒体机构推出的新冠肺炎疫情题

---

[1] 薛子豪．可视化数据新闻叙事研究［D］．昆明：云南财经大学，2019.

材数据新闻以直观的数据可视化方式在互联网、移动互联网中展示疫情的最新恶化趋势，还通过通俗易懂的方式普及防疫知识，有效增强了公众的科学防疫意识，再次证明了中国数据新闻业的实力。

二、英国传统媒体数据新闻报道的特点

英国学者梅根·奈特（Megan Knight）在 2015 年对英国报纸中刊载的数据新闻进行了全面的内容分析。其分析是基于收集到的英国有代表性并在当年 3 月 11 日至 24 日期间发行的 112 份报纸内容基础上进行的，研究产生了一个包含 3000 多条新闻的语料库。在分析的所有新闻中，只有 106 则新闻在其中使用了任意一种或多种数据元素。使用数据元素进行新闻报道数量位列前三的报业集团是《卫报》《泰晤士报》和《独立报》，使用数据元素报道达 68 篇，占比约为 64%，而使用数据元素进行新闻报道数量处于末位的《电讯报》，只有 9 篇报道。平均下来，优质地使用数据进行的新闻报道数量平均每天少于一个，并且数据新闻的数量分布在两周内并没有被平均分配到每一天，而是在周五和周日出现的次数更多。[1]

基于梅根·奈特对英国纸质媒体中数据新闻的内容分析研究，可以看出英国的传统媒体数据新闻报道有可视化类型丰富、数据来源广泛的特点。

（一）可视化类型多种多样

数据新闻可视化主要是指在新闻报道中运用各种信息图表向受众传递信息。不同于传统新闻报道中起辅助作用的图表，“数据新闻”报道中的图表是新闻报道的主题与核心，是对庞大的数据进行处理后的

[1] KNIGHT M. Data Journalism in the UK：a Preliminary Analysis of form and Content [J]. Journal of Media Practice, 2015 (3)：55-71.

精华内容。其形式包括但不限于数据地图、时间线、动态交互和气泡图等。

在梅根·奈特的研究中，英国传统媒体中数据新闻的数据可视化形式主要有数据地图、时间线、图表、信息图、列表、文本分析、数据引用、静态地图、表格这9种类型。各类型的名称和数据新闻数量，如图1所示。

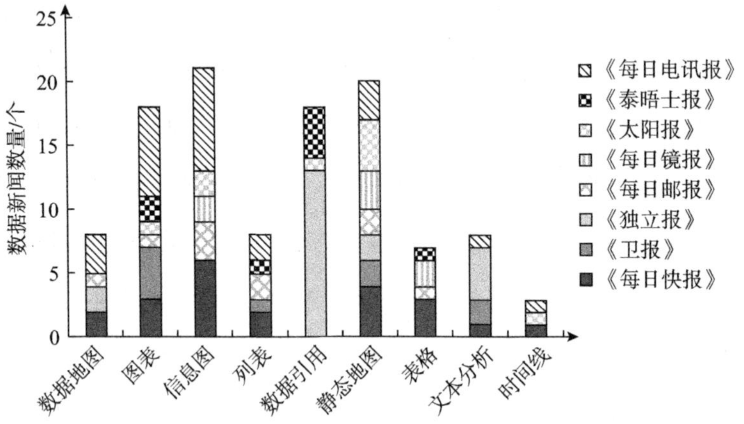

图1　数据新闻使用的数据可视化类型

数据地图：是指以计算机科学、地图学及地理信息系统为基础，以静态或者动态交互地图形式，直观、形象地显示空间信息的方法与技术。数据地图对于呈现繁杂的空间地理数据非常直观、清晰。[1]

时间线：时间线可以将时间点与对应的事件发展状态相关联，并将这些时间点连接成线，帮助读者清晰地了解事件的内在逻辑。英国《卫报》在报道一些时间跨度长、影响范围广的大型新闻事件时会使用时间线的数据可视化方式来辅助新闻报道，例如，在报道世界范围内的一些战争时，会将被战争影响的人数和战争时间用时间线的方式联系起来，让读者既能

[1] 徐翠萍．英国《卫报》数据新闻引领“开放新闻”潮流［J］．传媒，2018（13）：52–54.

把握全局，又能快速抓住重点，从而对战争给社会造成的影响认识更加深刻。[1]

（二）数据来源广泛

数据来源被广泛认为是数据新闻的关键部分，它对于数据新闻的真实性起着决定性作用，随着发达国家“信息自由行动”力量的不断增强，越来越多的数据被传送给新闻机构，再加上目前相当普遍的数据泄露问题，使英国传统媒体的数据新闻报道有着广泛的数据来源。

根据梅根·奈特研究英国传统媒体语料库中每个数据元素使用的来源，可以将其分为以下几类数据源，包括政府、企业实体、研究机构（包括非营利组织和学术机构）、泛国家组织（如联合国的各个机构）、民意调查和自生成（即新闻机构本身收集的数据）等。

由于预算覆盖报道的所有数据均来自政府，因此被排除在分析之外，梅根·奈特的研究统计显示，在其余的研究对象中，40%的数据新闻数据来自不确定的来源，28%来自研究机构，11%来自政府部门，7%来自民意调查并且由组织自行生成。

在未确定来源的数据元素中，几乎一半（41 个中的 19 个）数据来源最终在报道中被以静态地图的形式做了可视化处理，不需要确定具体来源。另外 9 个是信息图，其余的则是一系列数据。在某些情况下，数据的真实性是没有争议的（如各种原子元素的大小），因此不需要特定来源，或者清楚地注明来自另一个新闻机构。

---

[1] 徐翠萍．英国《卫报》数据新闻引领“开放新闻”潮流［J］．传媒，2018（13）：52-54.

三、英国传统媒体数据新闻报道的不足

英国媒体虽然在数据新闻报道方面走在世界前列，但在发展的过程中也不可避免地会出现各种问题和不足之处。数据新闻报道中最常见的问题同样出现在数据来源和数据可视化上。

（一）数据来源具有依赖性，自建数据信度差

梅根·奈特的研究显示，英国数据新闻语料库严重依赖研究机构提供的数据，尤其是涉及健康和社会问题题材的新闻报道。所有健康题材的数据和三分之一的涉及社会问题的报道都通过研究机构获取数据，其中一半的数据明确包含在研究机构发布的新闻稿中，并且没有其他记者发表过任何评论或质疑来确定这些数据的可信度。

由媒体自行完成数据的收集，包括从消费品中收集的信息（价格、卡路里计数等）或在传统采访技术中获得的数据（如名人如何花钱），具体可以体现在以下数据新闻报道中。一个依赖于自行完成收集数据的大型数据新闻报道是 2016 年 3 月 11 日《太阳报》上的“调查”版内容，名为《精神上的英国》（*Psychic British*），新闻报道分布在两版上，其中一张大的信息图占了一版以上的区域。该项新闻调查实际上是对《太阳报》读者进行的民意调查。该篇报道讨论了“通灵术”，简要介绍了其历史，并介绍了四位通灵师。全篇新闻文本中并不包含数字数据。这篇报道使用的信息图显示了 11 个问题的结果，包括 3 个以饼图形式展示调查结果的问题和 8 个只需回答是否的问题，报道没有提供历史或比较数据，也没有详细说明民意调查是如何进行的。

由此可见，英国传统媒体在进行数据新闻报道时，对外部数据来源的依赖性非常高，而媒体独立建立的数据库无论是数据的有效性还是科学性

都存在不足。无论是对外部数据的依赖还是自建数据的低信度，都会直接影响数据新闻报道的真实性和客观性，使其失去新闻价值。这个问题也从侧面反映英国传统媒体缺少掌握专业数据收集、数据研究的从业者，这对我国数据新闻人才培养带来了重要的启示。

（二）可视化形式使用不恰当，数据展现不够直观

在梅根·奈特收集的报道中，《每日镜报》的一篇题为《青少年性瘟疫》的专题报道占了整整两页，其中一张信息图显示了2003—2007年13—16岁及13岁以下儿童性传播疾病的诊断率、特定疾病的发病率。该则报道使用这两项数据及另外三个关键数字作为副标题，报道中的关键数据“时间”和“概率”构成一幅饼图，另一幅图则是试管形状的条形图，这些信息图的设计方式显然影响了数据可视化的清晰度。尽管数据可视化的清晰度和有效性并不是新闻报道的最终目的，但必须指出的是，使用饼图来显示数据随时间的变化根本无效，并且使数据本身的意义尽失。

出现类似问题的典型报道是刊登在《每日邮报》上题为《绿色骗局》的新闻。报道中使用的数据来自政府气候变化专门委员会（IPCC），报道将IPCC预测的全球温度结合实际生活中的温度叠加完成了一幅复杂的图表，标注了实际温度低于预测温度的突出节点。然而整篇新闻文本中，没有任何文字对这篇占了1/3版面的图中的数据进行说明解释，文字的重点全部放在评论政治上。一般读者在没有文字说明的情况下，很难看懂含有专业数据和复杂样式的数据图，如果在新闻报道中不对数据做必要的说明，那么数据就失去了其在数据新闻报道中的意义。

四、英国传统媒体数据新闻报道对我国数据新闻发展的启示

我国的数据新闻虽然起步较晚，但新闻储备人才数量多，信息技术发

展快，数据新闻蓬勃发展。我国数据新闻理论的研究是伴随着批判开始的，有学者认为，国内数据新闻起步较晚，数据开放程度较低，致使数据收集困难，进而疲于生产内容，而忽视了新闻技术人才的培养，这些都制约着国内数据新闻的发展。❶ 在人才培养上，我国学者也提出了自己的看法，数据的收集、清洗、分析及呈现过程，就如同买菜、洗菜、炒菜一样，是记者必备的一项技能。以前向记者提出的是采、写、编、评问题，数据新闻时代则需要记者有数据提问的能力。❷ 该部分本文将结合罗塞利·杜对中国财新网“数字说”栏目的创始人黄志敏的访谈研究❸，分析英国传统媒体数据新闻报道对我国数据新闻发展能有哪些启示，以及我国数据新闻发展的成长空间。

财新传媒是我国优秀的数据新闻生产机构。2015—2018 年，财新传媒数据新闻作品多次获得国际、国内奖项。2018 年 6 月，在全球编辑网络主办的 2018 年数据新闻奖评选中，财新数据新闻中心荣获“年度全球最佳数据新闻团队奖”，成为国内首个荣获这一奖项的媒体。

（一）加强数据库自建能力

自财新传媒成立以来，中国财新网“数字说”栏目已经制作了 1000 多个数字新闻作品，其中，2015 年和 2016 年是其发布数据新闻的高潮年，某种程度上也反映了中国媒体行业数据新闻的整体发展水平。虽然生产了大量的数据新闻作品，但是数据新闻作品中的数据来源依然有限，如图 2 所示，大部分数据源于非政府机构发布的数据，其次才是政府发布的数据。

---

❶ 陈积银，杨廉．中国数据新闻发展的现状、困境及对策［J］．新闻记者，2016（11）：64-70.

❷ 王琼．数字时代需要向数据提问题［J］．青年记者，2016（34）：5.

❸ DU R. Dancing with Chains：A Case Study of Data Journalism in China［M］. Data Journalism in the Global South，Eddy Borges-Rey Northwestern University Qatar Ar-Rayyan，Qatar.

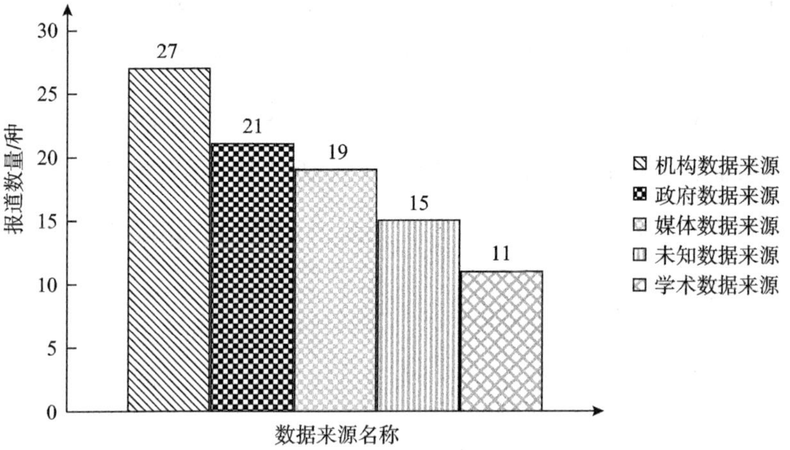

图 2　财新网数据新闻中数据来源图

图 3 展示了数据新闻中使用的数据来源类别、数量，大部分的数据新闻只使用了一种或两种数据来源，有一些包含了更广的数据来源，仅有非常少量的数据新闻使用了超过 3 种数据来源的数据。

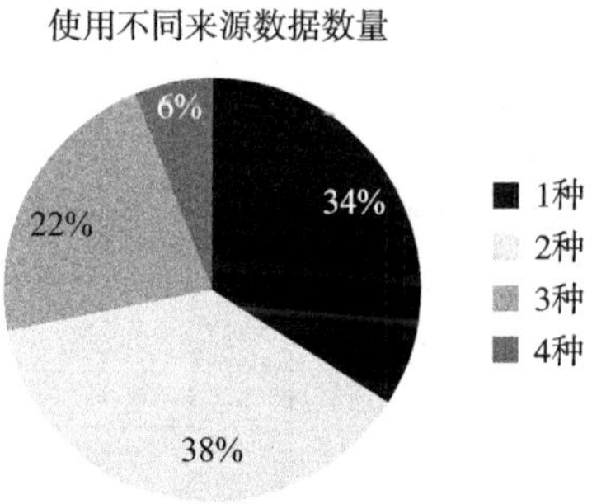

图 3　财新网数据新闻中使用数据来源数量图

总体来说，内容分析的结果反映了国内数据新闻对预收集、预处理的数据有着极高的依赖性。“数字说”栏目创始人黄志敏认为，收集数据通常要花费大量的金钱成本和时间成本。在中国，新闻记者通常没有充足的预算去收集和建立自己的数据库，对于已经收集好的数据进行再次清洗是常规操作。

通过中国财新网不难得出我国其他媒体在进行数据新闻制作时，同样有着数据来源难的问题。在国家和政府层面，希望能将安全可信的一手数据交给新闻媒体，提升数据的开放度，帮助媒体建立自己的数据库。在媒体机构层面，希望能增加对自建数据库的经费支持。在记者层面，从业人员需要提升自己收集数据、处理数据的能力，学会使用信息技术建立一手的、安全的、可信的数据库。

（二）丰富展现形式

在数据可视化方面，通过对中国财新网“数字说”栏目数据新闻作品的内容分析显示（如图 4）交互效果，信息图和地图是中国财经网最常用的数据可视化展现形式。动画、关联网页和游戏效果也被用于数据可视化，但使用的频率并没有那么高。

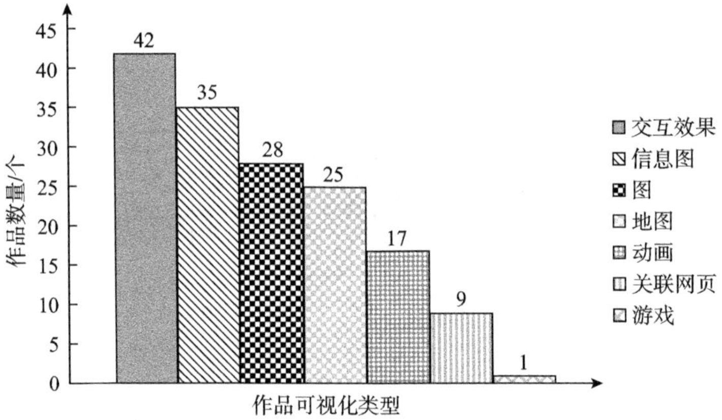

图 4　财新网数据新闻作品可视化类型图

在完成数据可视化的过程中，HTML5、CSS 3 和加 JavaScript 是中国财经网“数字说”栏目最常用的可视化工具，这需要内容制作者对计算机和编码知识有一定的掌握。超过半数的数据新闻作品在一个作品中使用了超过四种数据可视化工具。

在中国数据新闻发展的早期，传统媒体的数据新闻一般以静态的形式展现，例如图表和图形，作为以文本为中心的新闻报道的补充内容。然而，在中国财经网的“数字说”栏目中，可视化的数据是新闻报道中的关键部分。可视化包括使用更多的交互设计和动态效果，以通俗易懂的方式呈现复杂的信息，文字描述更少，更加注重视觉设计。就数据可视化的形式来看，人们可能普遍认为，西方国家能创造出更多种类的数据可视化形式，但对中国财新网的内容分析研究显示，国内的数据新闻同样拥有丰富的数据可视化形式。这表明中国的数据新闻记者与西方相比并不缺乏技术能力。

黄志敏介绍，2013 年左右，数据新闻刚刚出现在中国，当时中国的数据可视化技术大约比西方国家落后了四年进度。经过近几年的不断发展，中国和西方国家在数据可视化技术上的差距正在不断减小，黄志敏认为中国很快就能赶上西方国家的技术进度。

（三）涉及题材丰富

中国财新网数据新闻覆盖的新闻类别中，最常涉及的领域首先是生活和政治，其次是商业经济、环境和健康。同时，也有科学技术、文化和体育等，教育是报道数量最少的领域，如图 5 所示。

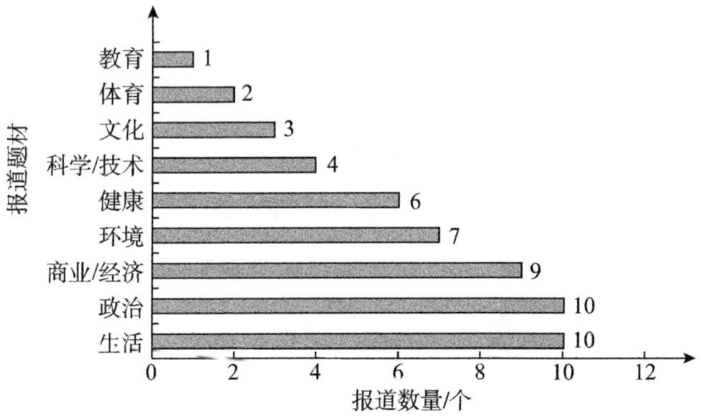

图 5　财新网数据新闻作品报道题材图

中国财新网数据新闻报道涉及最多的题材是政治，在大众的刻板印象中，中国的政治相关数据是最难获得的。但实际上，中国的新闻记者能够很好地把握这一条界线，进一步分析涉及政治的数据新闻可以发现，这些政治新闻报道要么是国际新闻，要么是国内新闻，较少涵盖或者几乎没有政治敏感性的话题。

新冠肺炎疫情期间，国内各个媒体机构发布的与疫情相关的医疗健康领域的数据新闻数量有显著提升，无论是互联网门户网站，还是传统的媒体，都选择了数据可视化的形式来实时播报更新疫情，说明数据新闻中的可视化的确增强了数据的可读性。但是目前我国数据新闻一些领域的报道还处于探索阶段，需要积极探寻如何发挥数据的有效性，找到更合适数据新闻的可视化数据报道形式。

五、结　语

英国的数据新闻报道处于世界领先位置，在传统纸质媒体时代就开始积极探索各种数据新闻的报道形式，并且广泛地吸收不同来源的数据以丰富报道内容。进入互联网大数据时代，其数据新闻发展得更加快速，不仅探索出了许多创新的报道方式，也生产出了优质的新闻作品。其开放性和创新意识是国内新闻生产机构需要积极学习和努力的。

但是探索的过程中也不免出现一些问题，数据来源虽然开放，但却缺少应有的可信度和专业性，降低了新闻报道的真实性和客观性，对媒体的公信力产生了影响。报道形式和可视化的创新也出现了一些使用不当的情况。这些问题对我国的数据新闻发展都是非常重要的警示。

数据新闻在我国的发展历程虽短，但作为新兴的报道形式之一，已经慢慢从配角成长为主角，从中国财新网的数据新闻作品中可以看出，我国在数据新闻的生产、制作、呈现环节上一直在不断创新，并取得了良好的效果，成为新闻业新的创新点和创业点。从数据新闻发展的历史来看，我们与西方发达国家主流媒体相比，还有很大的发展空间，我国的数据新闻报道也会在创新之路上越走越远。[1]

[1] 戴欣言．从财新网看我国数据新闻报道的创新［J］．新闻传播，2021（3）：45-46．

下篇　出版研究

英国高校图书馆开放获取发展趋势研究

安　然

摘　要：在 REF 2021 要求、cOALition S"s 计划"等政策推动下，英国高校图书馆表现出基金分配走向明朗、知识库建立体系逐渐健全的发展趋势。文章使用案例分析法和比较分析法，结合我国高校图书馆开放获取建设的现状与存在的问题，通过列举三个英国高校图书馆开放获取发展趋势得到如下启示：重视了解研究人员的开放获取出版认识与需求；统一自建库建设标准；增设国内外的开放获取出版期刊、通过设立开放获取出版基金促进开放获取出版。

关键词：英国；高校图书馆；开放获取；发展趋势

开放获取（open access，OA）是一项由国际科技界、学术界、出版界、信息传播界为推动学术成果自由传播而发起的运动，旨在通过研究成果的交流，以改善整个研究方法。倡导者认为，开放存取可以极大地增进学术交流——研究者与同行和其他人交流他们发现信息的方式。其核心论点是学术内容应该向所有用户以"数字化、在线、免费、不受大多数版权和许可限制”的形式免费公开提供。❶ 它包括两层含义：一是指学术信息免费向公众开放，旨在打破价格障碍；二是指学术信息的可获得性，意图打破使用权限障碍。

从2002年《布达佩斯开放获取倡议》（BOAI）发表以来，围绕“开放获取”这一核心内容展开的一系列价值观和实践操作日趋成为当下新兴的探索和考究对象。与此同时，全球高校图书馆逐渐提高对开放获取政策的重视程度，开放获取出版模式已逐步被全球高校图书馆认可，对其优先推进，多维鼓励其进益与健全。欧洲进一步贯彻开放获取理念，通过《开放获取出版物指南》及《数字时代知识发现海牙宣言》进一步宣传和推广新型学习和研究方法。❷

国内涉及“开放获取”为主题的期刊文献数量较多，但只有2篇与英国高校图书馆的开放获取息息相关。鄂丽君、刘冰、马兰在《英国高校图书馆在开放获取出版服务中的角色分析及启示》一文中提出，英国高校图书馆在开放获取出版服务中担任着学校开放获取出版相关政策的执行者、开放获取出版的宣传者、开放获取出版费用的管理者与提供者、开放获取出版奖项的评审者、开放获取出版相关资源的推荐者、开放获取出版的践行者等角色。❸ 王利君在《英国大学图书馆开放获取出版服务研究》一文中分析了英国高校图书馆通过出版开放获取图书和期刊、制定开放获取政策、管理开放获取出版基金和建设开放获取存储库来开展开放获取出版服务。❹ 综上所述，目前我国对英国高校图书馆开放获取领域的研究还处于

---

❶ ROBINSON, LYN et al. Open Access in Theory and Practice: The Theory-Practice Relationship and Openness (Edition 1) [M]. Lond on: Taylor & Francis, 2020.

❷ HORAVA T, WARD M. Library Consortia and Article Processing Charges: An International Survey [J]. Serials Review, 2016 (4): 280.

❸ 鄂丽君，刘冰，马兰. 英国高校图书馆在开放获取出版服务中的角色分析及启示 [J]. 图书馆学研究，2020 (24): 78-84.

❹ 王利君. 英国大学图书馆开放获取出版服务研究 [J]. 新世纪图书馆，2020 (04): 74-79.

学习阶段。在现有的研究成果中，开放获取基本理论研究居多，缺少分析其未来发展趋势与对我国高校图书馆开放获取启示的相关研究。

与此同时，英国作为世界上最先进行开放获取实践与开放获取政策的国家之一，充分发挥了其积极倡导者和重要参与者的先进优势和积极效用，这里尤其值得浓墨重彩的一笔是大学图书馆在其良好实践中发挥的关键效用。对中英高校图书馆开放获取发展现状与趋势进行比较分析，有助于中国高校图书馆从域外同行的经验和教训中获得镜鉴，更加明确今后的开放获取发展路径。

一、英国高校图书馆开放获取现状

若要实现开放获取，那么就需要有完善的政策保障制度。从世界来看，英国首先实现了开放获取，这一政策的组成成分有大学、政府和金融机构。截至 2019 年 8 月底，ROARMAP（The Registry of Open Access Repository Mandates and Policies）网站共登记了全球 975 家机构的 OA 政策，其中英国占据 120 个席位，位居全球第二，仅次于美国，其中，大学就占了 96 席。[1] 直到目前，所有在 QS 排名前 20 的英国高校都有其自身完善的 OA 政策。英国大学对于 OA 政策的重视程度可见一斑。欧洲研究图书馆协会（LIBER）在 2018 年 7 月发布的《LIBER 开放科学路线图》中，将图书馆的概念界定为“开放科学的先锋和拥护者”，鼓励图书馆积极参与开放科学进程，为开放科学做出了积极贡献。[2] 在开放获取形势下，英国大部分的高校图书馆都把握住了机会，变更自己的业务格局，开创了很多新型的服务模式，通过多种方式来提供开放获取服务。

---

[1] HORAVA T, WARD M. Library Consortia and Article Processing Charges: An International Survey [J]. Serials Review, 2016 (4): 280.

[2] 石志松．开放科学环境下研究型图书馆的角色与职责：“LIBER 开放科学路线图”解读[J]．图书馆建设，2019（4）：66-73.

（一）英国图书馆设立开放获取出版服务

放眼整个开放获取发展进程，包括一些大学、学术机构和团体在内，甚至于出版商、科研机构和基金机构，乃至英国政府等，都为开放获取引灯续路、保驾护航。基于此，英国积极采取了很多“燃动类”举措。英国研究理事会（Research Councils UK，RCUK）早在2005年就提供了具有强制性的OA政策，2012年就建立了开放获取工作组并且在2014年成功制定了英国卓越研究框架（Research Excellence Framework，REF）。REF 2021要求和cOALition S的“s计划”的推出，对于英国大学来说，是促进其学术开放获取最直截了当的动力来源。图书馆作为举足轻重的执行者，将这两项重要举措置于其开放获取网站的显著地位，进行详尽广泛的引导、宣示并将开放获取不断普及化。

1. REF 2021要求

英国研究卓越框架是英国政府用以评估测试本国高等教育机构科技研发素质素养的框架系统。其估定的结果，直接决定了政府每年拿出的支持大学研发的20亿英镑资金的分配走向。不仅如此，它亦是衡量各所优异大学的真正核心科学研发实力，以及标测其在国际上的地位和实际影响力的无可替代的衡量标准和终极考证。就此说来，英国大学将这一评估置于显要的位置，以期凭借活动赢得更多的公款，扩大其优异大学的影响力和学术竞争力。

REF的目的是促进开放获取这一相关层面的学术资料的迅猛增加，REF在近期制定的新政策中明确规定：各个高校如想获得2021年REF评选估定准入门槛，除去例外规定，从2016年4月1日开始算起，相关研究工作者包括各高校学生，所有人一律遵循发表的期刊论文和会议论文（适用于 ISSN 出版物）必须接受开放获取这一原则，其核心要求简单概括为：其一，作者必须在论文发表后的三个月内将稿件的最终评审版本提交到开放获取图书馆；其二，任何人都可以阅读或下载文件，之后，禁运期结束（禁运不应超过科学和医学期限的十二个月，而哲学社会科学与人文科学，则不准许超过二十四个月，论文可下载并进入公开频道。为了严格达标，以期有十足的把握获取 2021 年 REF 评估准入门槛，最终获得政府学术研究的资金支持，英国各高校立刻联动支持，纷纷打响本校的开放获取政策口号，并公布具体举措，要求校内科研人员和研究生的研究成果必须开放获取。❶

2. cOALitionS 的“S 计划”

企冀研究出版物相关领域的全方位升级加速，以图立即开放获取，2018 年 9 月 4 日，欧洲委员会和欧洲研究理事会支持的国家研究基金组织 cOALitionS 公布了一项新开放获取发布计划，被命名为“S 计划”。通过该计划可以看出，在国家等一些公共机构赞助下的涉及学术研究的出版物中，在开放获取期刊、平台和存储库中不能受到限制。

该计划于 2020 年 1 月 1 日生效。❷ 该计划一经执行，全球诸多行业、领域的公共和私人基金机构纷至沓来，纷纷加入。英国国家基金机构（UKRI）是 cOALitionS 的发起者之一，另外的如 Wellcome Trust 等基金机构均签订了“S 计划”约定，旨在变更自己的 OA 政策，通过这种方式来满足约定所要求的标准。诸如此类的举动，向世界展示了参加“S 计划”的众基金机构的决心：从此不复承担订阅期刊（亦可称为“混合 OA”）中

❶ REF 2021 Guide for Research Users. https：//www. ref. ac. uk/about/guide-for-research-users. 2019.

❷ What is cOALition S［EB/OL］.［2021-09-03］. https：//www. coalition-s. org/about/.

开放获取发布的成本，资金仅用于在出版后立即开放和访问的出版物。从资助机构的资助，响应“S计划”，乃英国大学科研经费的主要渠道，英国的大学也只能介绍自己的开放获取政策、Access数据库，建立一个开放的校园，并要求从学校工作人员那里开放获取研究成果。

（二）英国高校图书馆开放获取的具体举措

OA杂志和图书作为本组织出版物的重要组成部分，在图书馆的学术出版中有一席之地。受困于人力、财力等多重因素的限制，图书馆在进行学术出版时确有一定的困难，因此很多大学图书馆渐渐地开始谋求与其他机构进行合作，如学校出版社等，通过这种合作能够实现互利共赢。在图书馆精心、全面、系统培训之后，杂志编辑已足以熟练地掌握系统和技术的运营技巧；通过与出版社和杂志编辑合作，图书馆了解诸多期刊的差异化需求，了解网上出版，勠力同心，找到开放获取的准入门槛。

1. 剑桥大学与《德国法律杂志》

《德国法律杂志》（*German Law Journal*，GLJ）自2000年创办以来，一直秉持只在互联网上开放获取地对法律学术进行跨国思考的理念，开创了一种创新的法律学术方法，确立了其作为比较法学、欧洲法学和国际法领域领先期刊的地位。剑桥大学作为世界上最古老大学之一，站在了开放获取的前沿。近年来剑桥大学的关注焦点是如何在人文和社会科学领域资助开放获取，特别是考虑与科学技术工程和医学领域相比，人文和社会科学领域创造和传播知识的方式不同。自2019年起，剑桥大学与《德国法律杂志》正式合作探索人文和社会科学领域的开放获取模式，合作的目标是支持编辑团队开发期刊，增加新的功能，并创建一个可持续的财务基础来保持期刊的运营。最后一个目标意味着在GLJ阅读或发布内容不会有任何障碍。2020 年 GLJ 文章的全文浏览量（PDF 或 HTML）平均每月超过 18 000 次。通过 Altmetrics 对 GLJ 的下游影响，包括最近的一些政策文件中引用 GLJ 的文章，GLJ 的影响力在逐渐扩大。例如，欧洲联盟出版办公室 2020 年关于区块链的报告中提到了米歇尔·芬克（Michele Finck）2018 年的文章《区块链：规范未知》，欧洲检察官办公室 2021 年的一份报告中提到了艾琳·维乔雷克（Irene Wieczorek）2015 年关于国家议会辅助性论点的 GLJ 文章。❶

2. 爱丁堡大学与 OJS 系统

爱丁堡大学正在运用的开放期刊系统（Open Journal System，OJS），是立足于互联网的期刊管理和发布平台，至今已有 9000 多种期刊选择它。其能做到的是管理整个编辑工作流程，其中涵盖提交和同行评审，但是缺点在于它仅限在线发布，以及仅支撑完整的开放获取期刊。爱丁堡大学图书馆用其出版了涵盖 *Res Medica* 在内的 20 种学术期刊，其中亦存在其帮助学者和学生创建的开放获取期刊。从管理模式上来看，他们选择的是图书馆和期刊编辑双重管理的模式，并且成立了一个由多个主体组成的服务委员会，主要包括图书馆的官员、期刊编辑代表、学校出版社和一些校外的合作机构。除了提供免费的开放获取资源，图书馆的角色和职责还有助于建立期刊编辑和制定期刊政策，以及提供备份支助和长期储存服务、咨询、技术更新和系统培训；编辑小组的作用和责任是完全控制编辑，负责更新该杂志的网站，管理编辑工作流程、张贴内容和宣传。❷

---

❶ HYDE A, MILLER R. A, & TOWFIGH E. V (2020). Making Open Access Viableeconomically [J]. German Law Journal, 2021 (6), 1129-1133.

❷ Roles andresponsibilities [EB/OL]. [2021-09-03]. https://www.ed.ac.uk/information-services/research-support/hosting-service/roles-and-responsibilities.

3. 英国伦敦大学学院与 UCL Press

英国第一家开放获取的大学出版社是伦敦大学学院在 2015 年创办的，该出版社名为 UCL Press，出版社的宗旨是面向全球提供电子出版物，并且这些都是免费的。成立之初，UCL Press 就出版了 9 本图书和 2 种期刊，[1] 截至 2019 年 8 月底，已出版 117 种图书和期刊，涉及人文和社会科学等多学科，出版社网站访问量达 2 299 065 人次，访问人员涉及 231 个国家和地区。[2] UCL Press 出版的书籍等，都有电子版和纸质版。当电子版发布时，网络用户就能通过 UCL Press 的网络平台免费地进行阅读或者下载。并且纸质版价格较为便宜，人们能够通过网络在任何一家经销商处进行购买，且经销商分布在世界各地。

三、英国高校图书馆开放获取发展趋势

2003 年 2 月 5 日南安普敦大学电子与计算机学院推出了 OA 政策，同年克兰菲尔德大学也推出了强制与否不够明确的 OA 政策。推行强制性 OA 政策最早的国家，[3] 其高校图书馆的开放获取服务已经逐渐成熟，具体表现为基金分配走向明朗和知识库建立体系逐渐健全两方面。

（一）基金分配走向明朗

在开放获取出版领域存在两种模式，即绿色 OA 和金色 OA，两者的主要区别在于实现学术论文开放获取的时间和范围。绿色 OA 是指已发表的文章在禁运期（Embargo Period）延迟 6～12 个月后开放访问，其开放访问

---

[1] AYRIS P, SPEICHER L. UCL Press: the UK's first Fully Open Access University Press [J]. Insights, 2015, 28 (3): 44-50.

[2] Statistics [EB/OL]. [2021-09-03]. https://www.uclpress.co.uk/pages/statistics.

[3] 李书宁. 英国大学开放获取政策研究 [J]. 图书情报知识, 2017 (1): 98-105.

仅限于部分平台；金色 OA 是最常见的 OA 模式，即论文发表后立即全面开放访问，但是金色 OA 或混合 OA 是有文章处理费（Artificial Processing Charge，APC）的。在英国开放获取基金（Charity Open Access Fund，COAF）机构 2017—2018 年对其赞助的 35 家机构的调查中可以看出，成本在 OA 出版中呈现逐年上升趋势，并且 APC 较上一年多了 6%；其资助的这些研究人员中，多数都是通过混合期刊来进行出版；混合期刊的价格仍然较高，平均 APC 为 2581 英镑，完全 OA 期刊平均 APC 为 2090 英镑。❶欧洲委员会资助的开放获取研究项目（Study of Open Access Publishing，SOAP）早在 2011 年的调查报告中就指出，阻碍 OA 文章在混合期刊上发表的一个关键因素就是缺乏资金。❷

慈善机构的资助和图书馆自己成立的基金占英国大学图书馆 OA 基金的绝大多数，RCUK、COAF 等机构会向英国的大学赞助一定数量的开放获取基金，并且这些基金都是由图书馆统一进行保管和划拨。Kate LARA 在 2014 年就图书馆在开放获取出版基金管理中的作用对来自 30 个不同国家的 3000 多名图书馆员做过调查，调查显示，大多数受访者认为图书馆有必要在其中发挥作用。在支付 APC 资金的来源方面，数据显示，47% 是作者自己付费，30% 是资助机构支付，23% 是图书馆付费，几乎所有机构都确定了 APC 资金上限，最高价格控制在 2000 ~ 3000 美元。❸ 这些机构资助的资金并不是随便使用的，图书馆不会将其用在每一个开放获取出版物上。在对 OA 进行使用前，图书馆都会对其进行审核，例如剑桥大学为此专门建立了开放获取委员会，通过该委员会来对费用进行监督。决定图书馆是

---

❶ Wellcome and COAF Open Access Spend 2017/18 [EB/OL]. [2021-09-03]. https://wellcome.ac.uk/funding/wellcomeand-coaf-open-access-spend-201718.

❷ PINFIELD S, MIDDLETON C. Open Access Central Funds in UK Universities [J]. Learned Publishing, 2012, 25 (2): 107-117.

❸ LARA, KATE. The Library's Role in the Management and Funding of Open access Publishing [J]. LearnedPublishing, 2015 (28): 4-8.

否同意划拨费用的主要因素有：期刊能否满足开放获取要求、出版机构禁止运行期限的时长、开放获取期刊的信誉等。并且，在资金不足、APC 呈增长趋势的情况下，图书馆还可以通过其他的方式来降低 APC 费用，例如和期刊出版商进行磋商，订立优惠合同等。

以英国斯特林大学的开放获取基金公示为例，自 2013 年以来，斯特林大学每年度 APC 费用使用情况都会以报告的形式公示在斯特林在线研究室（Stirling Online Research Repository）网站上，报告内容包括内部机构数（Internal institutional data）、书目数据（Bibliographic data）、基金数据（Funding data）、APC 数据（APC data）、许可证数据（License data）等。[1]

（二）知识库建立体系逐渐健全

实现绿色 OA 即开放获取自存储模式最为有效的方式就是建立图书馆开放获取知识库，同时这也是图书馆进行学术出版的重要部分。截至 2019 年 8 月底，ROAR（Registry of Open Access Repositories）网站共收录了全球 115 个国家 4163 个开放获取知识库，其中，英国 240 个，数量仅次于美国。[2]

许多大学的开放获取政策明确规定图书馆有责任建立和管理机构集群并协助研究人员储存数据，如利兹大学 OA 政策规定，图书馆负责建立和维持一个知识库，并为研究人员使用这一集群提供协助和咨询。与此同时，英国政府的相关机构高度重视为大学机构建立知识库，并承认图书馆的作用。英国联合信息系统委员会（The Joint Information Systems Committee，JISC）作为建立国家知识库的主要引领者，投入了大量的资金来支持

---

[1] FULLER，ELIZABETH A. University of Stirling UKRI Open Access Compliance Report 2019—2020. Library ［EB/OL］，University of Stirling，2020.

[2] PINFIELD S，MIDDLETON C. Open Access Central Funds in UK Universities ［J］. Learned Publishing，2012，25（2）：107-117.

学术成果开放获取，并且通过诸如 Depot、RSP 等项目，来建立一个英国高等教育机构网络存储库。❶

四、英国高校图书馆开放获取发展趋势带来的启示

通过比较中英高校图书馆开放获取发展情况，我们发现中英两国开放获取发展在时间早晚、执行力度上均有不同。❷ 英国的开放获取带有明显的国家政策要求的“被迫”色彩，这也与西方学术出版长期以来存在的垄断有关。英国政府推行的开放获取政策，对英国研究资助机构及其他相关机构制定开放获取政策起到了指导和推动作用。不同层面的开放获取政策，又促使英国高校图书馆开展开放获取出版服务，从而促进本校研究成果的开放获取及利用。❸ 出版机构、作者是高校图书馆在开展开放获取出版服务中直接关联的两个要素，而开放获取出版服务又是在英国政府、研究资助机构等的开放获取政策指导下开展的。同时，必须遵循本校制定的开放获取和开放获取出版规定。

（一）中国高校图书馆开放获取现状与存在的问题

在全球开放获取不断推进的情况下，中国也逐渐加入这一旨在推动学术成果自由传播的运动中。2016 年，国家科技图书文献中心明确将“开放获取正逐步成为科技信息资源的主流形态”纳入“十三五”期间所面临的挑战之一。❹ 但由于我国高校开放获取落后于英国、美国等，因此存在一些不足。

---

❶ 王利君．英国大学图书馆开放获取出版服务研究［J］．新世纪图书馆，2020（4）：74-79.

❷ 田爱苹，马倩，马胜，李文兰．我国高校机构知识库建设新动态［J］．图书情报导刊，2019（4）：34-38.

❸ 李书宁．英国大学开放获取政策研究［J］．图书情报知识，2017（1）：98-105.

❹ 段美珍，顾立平，赵昆华．2015—2016 年国际开放获取相关政策与实践进展［J］．图书情报工作，2017（18）：19-28.

1. 中国高校图书馆开放获取发展现状

根据2017年9月教育部发布的《关于公布世界一流大学和一流学科建设高校及建设学科名单的通知》，“双一流”建设高校共有42所。[1] 由于世界一流建设高校较其他高校综合建设相对完善，故笔者重点对这些高校的图书馆进行调查研究，采用网络调查法对其开放获取服务进行实例研究。如表1所示。

表1　“双一流”高校图书馆开放获取资源分布情况

高校名称	“开放获取资源”栏目	网站目录层级	自建机构知识库
北京大学		二级	有
中国人民大学	有	一级	有（有独立站点）
清华大学		二级	有
北京航空航天大学	有	一级	有（有独立站点）
北京理工大学		二级	有（有独立站点）
中国农业大学		二级	有（有独立站点）
北京师范大学		三级	有（有独立站点）
中央民族大学		二级	
南开大学	有	一级	
天津大学		二级	
大连理工大学		二级	有（有独立站点）
吉林大学		二级	
哈尔滨工业大学		二级	
复旦大学		二级	
同济大学		二级	
上海交通大学		二级	
华东师范大学	有	一级	
南京大学		二级	
东南大学		二级	

[1] 教育部：公布“双一流”建设高校和学科名单［J］．教育，2017（41）：6.

续表

高校名称	“开放获取资源”栏目	网站目录层级	自建机构知识库
浙江大学		二级	
中国科学技术大学		二级	
厦门大学		二级	有
山东大学		二级	
中国海洋大学		二级	
武汉大学		三级	有（有独立站点）
华中科技大学	有	一级	有（有独立站点）
中南大学	有	一级	有（有独立站点）
中山大学		二级	
华南理工大学		二级	有（有独立站点）
四川大学		三级	
电子科技大学		二级	
重庆大学		二级	
西安交通大学		二级	有（有独立站点）
西北工业大学		二级	有（有独立站点）
兰州大学		二级	有（有独立站点）
国防科技大学		二级	
东北大学		二级	
郑州大学		一级	
湖南大学		二级	
云南大学		二级	
西北农林科技大学		二级	
新疆大学	有	一级	
兰州大学		二级	
国防科技大学		二级	
东北大学		二级	

通过浏览“双一流”高校图书馆主页，笔者发现开放获取资源所在资源列表下存在开放获取资源、开放资源、OA资源、免费电子资源、免费网络资源等名称。笔者依据调查将网站目录层级划分为三级，其中有一部分院校将“开放获取资源”的页面设计层级放到了第一级别或其他较为明

显的位置，第二级、第三级是指在查找开放获取资源时，每增加一级链接则页面层级就增加一级。由表 1 可见，“双一流”高校图书馆对开放获取资源均有揭示，但只有 7 所高校将“开放获取资源”栏目设置在网站首页即一级目录；对获取资源体系建设的重视不仅体现在对国内外开放获取资源的组织和揭示上，还包括自建机构知识库。如表 1 所示，16 所“双一流”高校图书馆建立了机构知识库，但只有 8 所高校提供公开访问权限的资源，说明机构知识库的开放只限于特定人群，难以及时对知识库内容进行扩充。

2. 中国高校图书馆开放获取资源存在的问题

我国“双一流”高校图书馆已经认识到开放获取资源的重要价值和学术意义，但是对其重视程度不够，对开放获取资源的名称使用不一致，网页结构层级较混乱，且公开访问比例较低，开放获取任重道远。我国高校图书馆开放获取存在的问题可以总结为以下几点：

（1）重视程度不够。调查发现，只有中国人民大学、北京航空航天大学、华中科技大学等 7 所“双一流”高校图书馆将开放获取资源独立建站，❶ 并设置在网站首页，其余大部分“双一流”高校图书馆主页没有对开放获取资源予以突出显示，将开放获取资源放置在网站二级目录以下，不便于读者快速发现开放获取资源。同时，大部分高校图书馆并未对开放获取资源进行详细介绍，说明部分“双一流”高校图书馆对开放获取资源的重视程度有待加强。

---

❶ 陈莉．我国“双一流”高校图书馆开放获取服务现状实例研究［J］．图书馆理论与实践，2021（3）：34-39.

（2）揭示方式不科学，缺乏对研究人员需求的认识。目前，我国高校图书馆对开放获取资源缺乏科学分类，称谓缺乏规范性。[1] 如北京师范大学图书馆、山东大学图书馆将开放获取资源放在了学术资源导航的资源类型中，将开放获取资源与期刊、书籍、专业论文、多媒体资源等相混合；大连理工大学图书馆将开放获取资源放在了馆外资源列表中；哈尔滨工业大学图书馆将开放获取资源放在了数据库列表中；四川大学图书馆将开放获取资源放在了免费资源下。[2] 目前，大多数“双一流”高校图书馆缺乏统一的检索平台，不便于读者利用。

（3）自建机构知识库水平差异大。在42所“双一流”高校图书馆中只有16所建设了知识库，[3] 且自建知识库参差不齐。有的自建知识库资源非常丰富，对资源进行了科学分类，有资源推荐和检索功能，如中国人民大学机构知识库具有高级检索功能、设置了学者推荐栏目；而部分“双一流”高校图书馆构建的知识库只列举了几个简单的板块，没有对资源进行规范和整合，如上海交通大学、西北农林科技大学图书馆自建数据库只有多媒体资源管理、学位论文数据库、古籍文献库等版块，没有对资源进行详细分类。

（二）英国高校图书馆开放获取发展趋势的启示

总体来说，虽然我国大部分高校对开放获取资源的价值和功能有所认识，但整体开放获取服务目前仍然发展不成熟，通过对英国高校图书馆相关服务经验的考察及对我国现实情况的认识，笔者提出以下建议。

---

[1] 陈莉．我国“双一流”高校图书馆开放获取服务现状实例研究［J］．图书馆理论与实践，2021（3）：34-39.

[2] 段美珍，顾立平，赵昆华．2015　2016年国际开放获取相关政策与实践进展［J］．图书情报工作，2017（18）：19-28.

[3] 同①

1. 重视了解研究人员对开放获取出版的认识与需求

根据笔者对域外开放出版模式的考察，目前欧美等国家的大部分商业机构均协同高校开展开放获取资源工作，并已逐渐形成开放出版模式。从国际发展的趋势来看，开放获取出版已越来越受到各国认可，其发展趋势势不可挡，因此中国在此方面的研究和建设也需要与国际接轨。从我国国内高校现状来看，为了响应开放出版模式发展需要，顺应各国高校开发服务发展趋势，首先要了解国内研究人员对这一模式的理解和掌握程度，尤其是对一些正处于研究生涯起点的研究人员来说，了解和掌握他们的需求情况，对我国开放出版模式的运用和发展十分重要。❶ 具体来说，可以通过调查来了解相关研究人员是否对开放出版模式有基本的了解以及他们对这一模式持何种态度，在研究中曾遭遇过何种困惑或者困难。要认识到开放出版模式的主要服务对象仍是国内研究人员，对他们需求的掌握和了解对这一模式的运用和发展具有至关重要的作用。

2. 统一自建库建设标准，增设国内外的开放获取出版期刊

调查显示，我国已有 13 所高校图书馆建有知识库独立站点，❷ 并且将知识库站点放在网站目录首页，说明各高校图书馆已经对机构知识库的强大功能形成了统一认识，并试图借此达成图书馆与用户之间互利共赢的局面。但自建知识库的情况参差不齐，对于最重要的开放获取期刊资源也有空缺。事实上，研究人员从事研究的过程中，出版物的选择在一定程度上会直接或间接地影响其学术研究成果。基于各出版机构在学术成果发表和

---

❶ 田爱苹，马倩，马胜，李文兰．我国高校机构知识库建设新动态［J］．图书情报导刊，2019（4）：34-38.

❷ 陈莉．我国“双一流”高校图书馆开放获取服务现状实例研究［J］．图书馆理论与实践，2021（3）：34-39.

收费政策上的不同，高校图书馆应当重点向研究人员推荐已构建开放获取出版资源体系的期刊。❶ 首先，各高校图书馆可以整理归纳我国高校在不同学科和不同领域所发表的重点论文、热门学术成果的期刊分布状况，明确各期刊在不同领域所实施的不同出版政策，进而为高校的研究人员推介不同的开放获取出版期刊。其次，各高校图书馆应该对国内外知名出版机构的开放获取模式运用情况、出版发表收费情况及其他相关出版政策有所了解，为有出版发表需求的研究人员提供参考。

3. 通过设立开放获取出版基金促进开放获取出版

在发表研究成果的过程中，部分研究人员面临的一个问题是无法负担高昂的出版费用，这无疑会打击和降低研究人员的学术热情以及科研热情。从开放获取出版的惯例来看，作者想在某一专业期刊发表自己的文章或学术成果，需要支付一定的出版费用，某些期刊收取的出版费用甚至更高。据此，我国高校科研通过设立开放获取出版资金的方式来帮助研究人员解决出版费用问题，鼓励研究人员积极发表自己的研究成果，从而进一步促进学术资源的共享和传播。首先，各高校根据本校科研情况设立开放获取出版资金，并配合相关部门进行对该基金的运用、管理和监督工作，根据研究人员的实际科研需要为其提供一定资助。其次，有条件的高校可以将本校经费的一部分作为专门的资助资金，用来鼓励和激励研究人员开放获取学术研究成果，分情况为不同水平和不同领域的研究人员提供不同层级的资金资助或资金激励。

---

❶ 吴建中. 从开放获取到“超越开放获取”——“下一代机构知识库”给予我们的启示［J］. 国家图书馆学刊，2018（6）：3–8.

五、结 语

总体来说，英国高校图书馆对于开放获取资源的建设是十分重视的，ROARMAP 上登记了近 90 所高校的开放获取政策，还有一些高校虽制定了政策但未做登记，英国排名前 20 的高校都有自己的 OA 政策，这些都能说明 OA 政策在英国大学的普及程度。[1] 相比之下，中国高校图书馆开放获取建设仍不够理想，若想实现快速推进也可借鉴英国的经验，例如重视了解研究人员的开放获取出版认识与需求、统一自建知识库建设标准，增设国内外的开放获取出版期刊，通过设立开放获取出版基金促进开放获取出版，中国高校图书馆开放获取的发展还有待学界和业界予以更多关注。

---

[1] 李书宁. 英国大学开放获取政策研究［J］. 图书情报知识，2017（1）：98-105.

布鲁姆斯伯里出版集团商业模式探究

——基于2019—2021年集团年报分析

姜婷婷

摘　要：受新型冠状病毒肺炎疫情（以下简称“新冠肺炎”）影响，全球出版产业受到冲击，而布鲁姆斯伯里出版集团在维持现有财政收入水平的基础上，实现了2021年财政收入的显著增长。本文通过对近三年布鲁姆斯伯里出版集团年报的分析，分别从市场定位、经营系统和盈利模式三个角度探究布鲁姆斯伯里出版集团的商业模式现状及其特征，以期为我国出版企业更好地构建与实践商业模式、实现稳健发展提供启示。

关键词：布鲁姆斯伯里出版集团；商业模式；特点

在2020年公布的全球知名出版榜单中，布鲁姆斯伯里出版集团（Bloomsbury Publishing PLC）以1.91亿英镑的年度营业收入排名第51名。❶相较于年度营业收入超过40亿英镑的励讯集团（原励德·爱思维尔集团）

---

❶ Wischenbart. The Global 50 World Publishing Ranking 2020 is Out!［EB/OL］.（2020-10-01）［2021-07-28］. https：//www. wischenbart. com/upload/Global50_The_Ranking_of_the_Publishing_Industry_2020_MAF23Okt2020. pdf.

[RELX Group (Reed Elsevier)]、汤姆森路透(Thomson Reuters)和培生集团(Pearson)榜单前三的出版集团,布鲁姆斯伯里出版集团的年度营业收入虽不及其十分之一,但回顾近三年的全球出版55强榜单不难发现,布鲁姆斯伯里出版集团始终稳居榜单第51名。此外,根据布鲁姆斯伯里出版集团年报可知,2020年其营业收入为1.628亿英镑,与2019年的1.627亿英镑收入几乎持平;❶ 2021年其营业收入为1.851亿英镑,较2020年更是增加了14%。❷

受新冠肺炎疫情影响,全球出版产业与出版企业受到了巨大冲击,艰难的出版行业环境加上更加激烈的出版市场竞争,布鲁姆斯伯里出版集团在维持现有营业收入水平的基础上实现了强势增长,因此,本文基于2019—2021年布鲁姆斯伯里出版集团年报内容,依次从市场定位、经营系统和盈利模式三个维度探究其商业模式,以便于了解其在竞争激烈的市场环境中是如何实现稳健发展,以及其现有的商业模式是否能够为我国出版企业在竞争激烈的市场环境、复杂多变的行业环境中实现稳健发展提供借鉴。

一、商业模式的内涵

商业模式概念的界定,最初由学者康恰尔(Konczal)和多拖雷(Dottore)提出,并应用于信息管理领域。随着全球经济体系的日趋完善、全球经济一体化进程不断加快,学者对于商业模式内涵的解释日益丰富。奥斯特瓦德等(2005)认为,商业模式是一种建立在多种要素和

---

❶ Bloomsbury Publishing Plc. Annual Reports [EB/OL]. (2020-02-29) [2021-07-28]. https: //www. bloomsbury-ir. co. uk/docs/librariesprovider16/archives/annual_reports/2020ar. pdf.

❷ 同①

构成基础上的工具以解释特定企业的商业逻辑。[1] 索列斯库（2011）认为，商业模式包括价值主张、为顾客创造价值、传递价值及获取价值的过程。[2] 詹志芳等（2011）提出，商业模式是一种由顾客、公司、伙伴和产品围绕价值发生相互作用的关系。[3] 邱小平（2020）认为，商业模式是企业为顾客提供商品和服务价值以获得收益的经营要素的组合模式。[4] 商业模式内涵的不断丰富，并未使学者对商业模式概念的界定达成明确共识。总的来说，学者对于商业模式概念的认知大致归纳为以下三种：第一种强调其价值创造，主张商业模式是企业依据自身现有的资源为客户创造价值，并将其通过商业体系实现可持续性收益循环以产生固定收益；第二种强调其盈利模式，主张商业模式是企业依据其现有的资源优势为客户提供适宜的产品与服务，其核心以盈利为目标；第三种强调经营体系，主张商业模式是企业在其行业内使用的对内与对外的经营策略以保障其占据一定市场优势的运行系统。[5]

商业模式概念的界定为进一步研究商业模式组成要素奠定了坚实的理论基础。在运用“5W1H”分析方法的基础上，张敬伟（2010）提出了基于价值三角形逻辑的商业模式概念，主张从市场定位、经营系统和盈利模式三个角度研究企业的商业模式。其中，市场定位涉及企业价值定义内容，具体包括在明确企业价值主张的同时，对于企业的目标顾客、细分市场进行明确界定；经营系统涉及企业为实现更好的价值创造、更高的传递

---

[1] OSTERWALDER A, PIGNEUR Y, TUCCI C. Clarifying Business Models: Origins, Present and Future ofthe Concept [J]. Communications of the Association for Information Systems, 2005, 15 (5): 1-25.

[2] SORESCU A, FRAMBACH R T, SINGH J. Innovations in Retail Business Models [J]. Journal ofRetailing, 2011 (87): 3-16.

[3] 詹志芳，薛金福. 中国式营销 [M]. 北京：世界图书出版社，2011.

[4] 邱小平. 创新发展连锁经营商业经营模式的一些思考 [J]. 现代商业，2020 (25): 8-9.

[5] 沈波. C公司商业模式创新研究 [D]. 秦皇岛：燕山大学，2020.

效率和更显著的传递效果而开展的基于其已有资源的相关活动及配置；盈利模式涉及企业在给顾客传递价值的同时赚取利润的方式，包括收入的来源与构成等内容。[1] 考虑到张敬伟提出的商业模式概念涉及现有学者对商业模式概念界定的三种认知，因此，本文基于此对布鲁姆斯伯里出版集团的商业模式做进一步分析。

二、布鲁姆斯伯里出版集团商业模式分析

在梳理商业模式概念的基础上，依托张敬伟提出的出版企业商业模式，分别从市场定位、经营系统和盈利模式三个角度分析布鲁姆斯伯里出版集团的商业模式现状。

（一）市场定位

出版企业对于自身价值的正确认识，既有利于其明确企业价值主张、为利益相关者创造价值，也有利于其进一步准确选择目标市场与顾客，继而提供与自身能力匹配的产品与服务。

1. 价值主张

布鲁姆斯伯里出版集团以成为一家具有创业精神的独立国际出版商，向全球客户提供优秀的、原创的作品为使命。在此基础上，布鲁姆斯伯里出版集团致力于为不同的利益相关者创造价值：对于消费者，主张通过出版优秀、原创的作品实现教育、娱乐和激励消费者以支持读写文化的发展，培养人们对阅读和学习的热情；对于社会，主张通过税收捐赠、慈善捐赠、合作伙伴关系等形式对相关社区和社会做出贡献；对于作者和插画

---

[1] 张敬伟，王迎军. 基于价值三角形逻辑的商业模式概念模型研究［J］. 外国经济与管理，2010，32（6）：1-8.

师，主张帮助签约作者和插画家创作故事，向全球客户传达其想法，同时借助多种形式和渠道使之与全球读者建立并维持密切的联系；对于集团员工，主张为其提供有价值的工作以促进其实现持续的、长久的职业发展；对于合作伙伴，主张通过业务活动的开展，为相关供应商、业务合作伙伴及商业客户创造商业机会。❶

2. 市场细分

为了更好地开展出版业务、服务于目标市场客户，布鲁姆斯伯里出版集团将其业务部门划分为两类：一类称为消费类出版部门，主要涉及小说、非小说和烹饪书籍的成人出版及小说、非小说、图画书和学前书籍等内容的儿童出版部门；另一类则是非消费类出版部门，主要聚焦学术机构、图书馆、企业、专业团体和学生、学者、教师等目标客户群体。

3. 产品服务

布鲁姆斯伯里出版集团通过消费类出版部门与非消费类出版部门提供多元化的知识内容和服务组合。其中，消费类出版部门主要面向成人和儿童读者，每年出版大约 550 种新书，❷ 出版形式涉及图书、电子书、有声读物及对外语出版社的版权销售。非消费类出版部门主要面向学术机构、图书馆、企业等群体出版，每年出版超过 2000 种新书，❸ 涵盖艺术、人文和社会科学、金融、法律等学科，军事史、自然史、体育、科普和参考领域。同时，非消费类出版部门提供大量学术与 B2B 资源组合直接销售给世界各地的学校、公司和高等教育机构。此外，布鲁姆斯伯里数字资源

❶ Bloomsbury Publishing Plc. Annual Reports [EB/OL]. (2020-02-29) [2021-07-28]. https://www.bloomsbury-ir.co.uk/docs/librariesprovider16/archives/annual_reports/2020ar.pdf.

❷ 同①

❸ 同①

（Bloomsbury Digital Resources）通过提供围绕特定学科领域组织的学术和专业数字资源及创造性的在线学习环境以支持学术研究并激励世界各地的学生，且每年通过其定制的数字平台发布10种新的数字资源产品。可以说，布鲁姆斯伯里出版集团拥有的包含热销图书和数字服务在内的丰富内容资源储备为其吸引了众多客户，越来越多的作者及其创作的作品也因此得以被发掘，成功被列选为专业人士、学者和学生的“必备”内容推荐，最终在一定程度上实现了与目标市场供需关系的匹配，促进了供需双方的均衡发展。

（二）经营系统

关键资源和核心业务作为出版企业经营系统中的重要构成要素，对于企业更好地实现其价值起着至关重要的作用。其中，关键资源的开发是出版企业培养、提升其核心竞争力的关键所在，而出版企业核心业务的开展，无疑是其进一步开发、强化关键资源的重要业务活动。

1. 关键资源的开发

布鲁姆斯伯里出版集团始终注重对于关键资源的开发，以进一步提升、完善其核心竞争力，其关键资源主要包括以下内容：

（1）较高的品牌声誉和品牌认可度。布鲁姆斯伯里出版集团的出版物常因其蕴含较高的生产价值和屡获殊荣的杰出设计而闻名；在学术出版领域，布鲁姆斯伯里出版集团因其提供卓越的学术内容和面向学生的数字化服务而闻名。可以说，出版作品的价值性和独创性、出版服务的卓越性和现代性，使得布鲁姆斯伯里出版集团在出版领域享有较高的品牌声誉；高水平的作者和插画家队伍更是为其出版品牌在全球范围内的建立与推广打下坚实的基础，继而在全球出版市场具有较高的品牌认可度。

（2）广泛的全球市场和合作伙伴。布鲁姆斯伯里出版集团通过与印刷和电子书批发商合作，为零售客户和图书馆提供公共和学术图书服务。此外，布鲁姆斯伯里出版集团借助其学术和专业数字资源平台直接面向学术组织和教育机构、企业和专业机构进行销售，借助面向消费者的网站向消费者直接进行销售。截至 2021 年 2 月，布鲁姆斯伯里出版集团在全球 90 多个国家拥有 1200 多家客户，其客户群体从小型书店到大型零售商均有涉及。[1]

（3）良好的财务状况和资产流动性。布鲁姆斯伯里出版集团每年的营业额大部分来自已出版图书和服务的重复销售。近年来，数字出版收入占比越来越高。根据布鲁姆斯伯里出版集团年报可知，2021 年，布鲁姆斯伯里出版集团营业收入中消费类出版收入增长了 22%，非消费类出版中数字资源部分实现了 49% 的增长，有 1240 万英镑的收入。[2] 同时，截至 2021 年 2 月 28 日，布鲁姆斯伯里出版集团的现金储备为 5450 万英镑，较 2020 年增长了 74%；经营利润的增加使得经营活动产生的净现金较 2020 年增加了 860 万英镑。[3] 两大出版部门收入和现金的持续增长，为布鲁姆斯伯里出版集团经营活动的顺利开展奠定了财务基础和信心支撑。

2. 核心业务的开展

在专注于开发关键资源的同时，布鲁姆斯伯里出版集团始终坚持对于核心业务的开展，以更好地实现企业经营效益增长，最终实现其价值，其核心业务主要包括以下几个方面：

---

❶ Bloomsbury Publishing Plc. Annual Reports［EB/OL］.（2021-02-28）［2021-07-28］. https：//www. bloomsbury-ir. co. uk/docs/librariesprovider16/archives/annual_reports/annual-report-and-accounts-2021. pdf.

❷ 同①

❸ 同①

（1）专注于数字出版。布鲁姆斯伯里出版集团通过加快其成熟的数字产品的开发、建立合作伙伴关系和推出新产品来实现数字出版进一步的增长。2020年2月至2021年2月期间，布鲁姆斯伯里出版集团将卓越的数字产品与合作伙伴结合，借助已建立并正在建立的高质量平台和基础设施实现了学术客户73%的增长量。[1] 与此同时，布鲁姆斯伯里出版集团推出了与泰勒和弗朗西斯（Taylor & Francis）及人体运动出版社（Human Kinetics）的内容合作产品。

（2）增加非消费者出版领域的投资组合。消费类出版业务受市场环境、读者需求的影响较大，非消费类出版业务对零售商的依赖程度更低，因而为布鲁姆斯伯里出版集团的发展提供了更多的数字出版机会和全球机会。2020年6月，布鲁姆斯伯里出版集团与两家高等教育图书馆供应商ProQuest和EBSCO达成合作关系，布鲁姆斯伯里出版集团馆藏（Bloomsbury Collections）被成功整合到图书馆采购流程中，这一合作关系的建立既为学术图书馆通过其喜爱的供应商购买个人书籍或馆藏资源提供了全新的渠道选择，也进一步丰富了布鲁姆斯伯里出版集团现有的渠道资源。

（3）进行重点出版领域的战略收购。布鲁姆斯伯里出版集团始终坚持有针对性的收购战略以支持其增长，加速数字产品出版，丰富其现有出版领域以便于其扩展到新的领域。2020年，布鲁姆斯伯里出版集团将专注非洲研究及有关南半球书籍的Zed图书有限公司（Zed Book Limited）的部分资产整合到其学术与专业部门。[2] 布鲁姆斯伯里出版集团对Zed图书有限公司的收购在提高其在非洲研究地位的同时，也增强了其政治和国际关系

---

[1] Bloomsbury Publishing Plc. Annual Reports [EB/OL]. (2021-02-28) [2021-07-28]. https://www.bloomsbury-ir.co.uk/docs/librariesprovider16/archives/annual_reports/annual-report-and-accounts-2021.pdf.

[2] Bloomsbury Publishing Plc. Annual Reports [EB/OL]. (2020-02-29) [2021-07-28]. https://www.bloomsbury-ir.co.uk/docs/librariesprovider16/archives/annual_reports/2020ar.pdf.

出版的知名度。此外，布鲁姆斯伯里出版集团于2021年收购了红地球出版社（Red Global Press）的部分资产。布鲁姆斯伯里出版集团对红地球出版社的收购，实现了一次良好的资源整合：一方面加强了布鲁姆斯伯里出版集团现有的学术出版资源和地位；另一方面在商业和管理、学习技能和心理学领域建立了新的学术出版领域，进一步拓宽其现有的学术出版领域。

（4）致力于国际扩张。除伦敦和牛津，布鲁姆斯伯里出版集团分别在纽约、悉尼及新德里设有办事处，以更好地评估全球市场并做出战略性调整。布鲁姆斯伯里美国办事处负责出版面向成人和儿童的高质量小说和非小说作品，以及全球著名学术作家的前沿学术著作，拥有包括卡罗尔·安德森（Carol Anderson）、山姆·奎诺斯（Sam Quinones）、莎拉·J. 马斯（Sarah J. Maas）等在内的众多优秀作家。布鲁姆斯伯里印度办事处在贸易、儿童、学术和专业领域拥有强大的出版计划，目前已经出版了1000多种印度原创书籍。[1] 布鲁姆斯伯里澳大利亚办事处负责其产品在澳大利亚和新西兰的销售活动，营销和分销其在英国和美国出版的书籍。

（5）充分开发知识产权。布鲁姆斯伯里出版集团始终追求并极力与高质量、有潜力的作者、插画师及其他版权所有者建立合作，出版卓越的原创作品。2021年，布鲁姆斯伯里出版集团打造了一批包括苏珊娜·克拉克（Susanna Clarke）创作的《皮拉内西》（*Piranesi*）等在内的畅销书。此外，布鲁姆斯伯里出版集团也十分注重已有知识产权的开发。作为《哈利·波特》系列图书的原始出版商，布鲁姆斯伯里出版集团对于《哈利·波特》系列图书始终坚持版权的持续开发与利用，2019年推出了第四版的《哈利·波特与火焰杯》（插画版）。

---

[1] Bloomsbury Publishing Plc. Annual Reports［EB/OL］.（2020-02-29）［2021-07-28］. https：//www. bloomsbury-ir. co. uk/docs/librariesprovider16/archives/annual_reports/2020ar. pdf.

（三）盈利模式

出版企业商业模式的运作离不开经营利润的支撑，通过对布鲁姆斯伯里出版集团收入来源与构成的分析，有利于更好地了解布鲁姆斯伯里出版集团如何在传递其企业价值的同时获取利润。

1. 收入来源

布鲁姆斯伯里出版集团立足于英国本土市场，在此基础上，通过对北美、澳大利亚和印度市场的深度开发与拓展，以期逐步减少对于英国本土市场的依赖，最终成为一家独立的国际出版商。回顾2019—2021年布鲁姆斯伯里出版集团年报可知，英国本土市场的收入始终占集团总收入的60%以上，北美市场次之，占集团总收入的25%以上。因此，布鲁姆斯伯里出版集团的收入很大程度上还是依赖英国本土市场，北美市场的扩大在一定程度上削减了其对英国本土市场的依赖性，澳大利亚和印度市场的表现相对而言较为稳定，如图1所示。

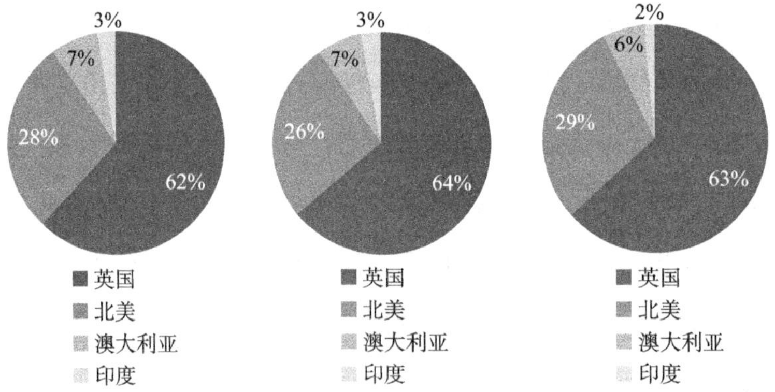

图1　2019—2021年布鲁姆斯伯里出版集团市场细分收入

（从左至右依次为2019年、2020年、2021年）

数据来源：根据布鲁姆斯伯里出版集团年报数据整理。

2. 收入构成

布鲁姆斯伯里出版集团的总收入主要由消费类出版和非消费类出版两大部门收入构成。近三年，布鲁姆斯伯里出版集团收入在维持现有收入水平的基础上，实现了显著的经济增长，主要源于消费类出版部门在2021年杰出的收入贡献；非消费类出版部门则呈现缓慢、稳定的增长趋势（图2）。可以说，相较于非消费类出版部门，消费类出版部门的年度收入在一定程度上决定着布鲁姆斯伯里出版集团当年的年度总收入。

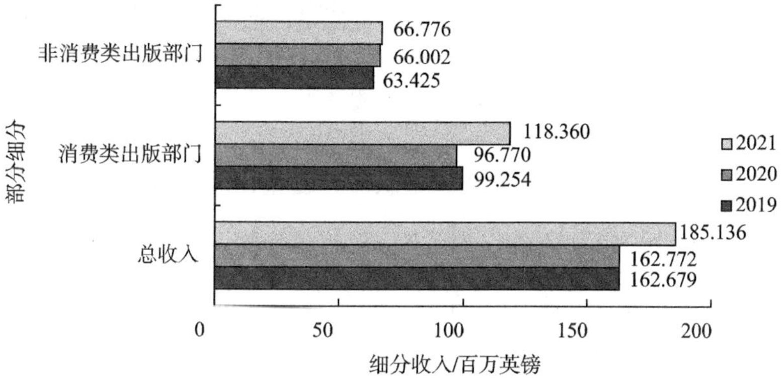

图2　2019—2021年布鲁姆斯伯里出版集团出版部门细分收入

数据来源：根据布鲁姆斯伯里出版集团年报数据整理。

在明确两大出版部门收入现状的基础上，对布鲁姆斯伯里出版集团业务细分收入做进一步分析可知，2019—2021年，各细分业务收入占集团总收入比例最高的始终是儿童出版。其中，2020年，除儿童出版收入占比较上一年收入下降了4%，成人出版、学术和专业出版以及特别专项业务收入均有显著提升，这可能与疫情导致的线下实体营销活动取消、实体书店关闭等一系列举措有关。相较于2020年，2021年儿童出版、成人出版收入分别增加了4%、1%，学术和专业出版、特殊专项占比分别减少了3%和2%（详见图3）。

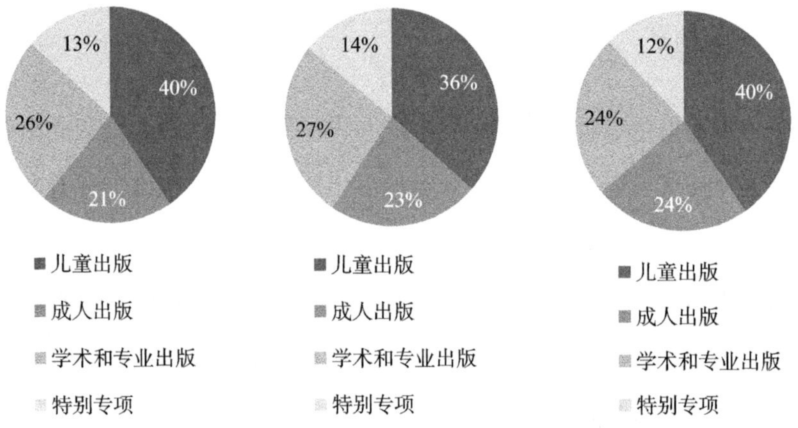

图3　2019—2021年布鲁姆斯伯里出版集团业务细分收入

（从左至右依次是2019年、2020年、2021年）

数据来源：根据布鲁姆斯伯里出版集团年报数据整理。

不难发现，当儿童出版和成人出版收入占集团收入的优势进一步扩大时，学术和专业出版及特别专项收入份额的减少使得2021年消费类出版部门收入继续远超非消费类出版部门，消费类出版部门收入优势进一步凸显，因而两个出版部门间的收入差距进一步拉大。

三、布鲁姆斯伯里出版集团商业模式特点

（一）精准定位，目标明确

创建于1986年的布鲁姆斯伯里出版集团，始终致力于成为一个有创新精神的独立出版商，始终坚持出版具有卓越编辑性和原创性书籍、出版具有最高质量和销售潜力的文学作品，进而实现其高标准的设计制作。正是这种对初心的坚持，布鲁姆斯伯里出版集团成功发掘了《哈利·波特》系列图书，并通过对《哈利·波特》系列图书的不断重印与再版，创造了一次又一次的销售奇迹，打造了一个延续至今的销售神话。

（二）积极并购，强化优势

回顾布鲁姆斯伯里出版集团发展历史，不难发现，从 2000 年收购 A&C 布莱克出版公司（A&C Black）开始，布鲁姆斯伯里出版集团始终没有停下收购的步伐。截至 2021 年 6 月，布鲁姆斯伯里出版集团已经完成了对于包括托特尔出版社（Tottel Publishing）、沃克出版公司（Walker Publishing Company，Inc.）、柏林出版社（Berlin Verlag）、布里斯托尔古典出版社（Bristol Classical Press）、哈特出版公司（Hart Publishing）、奥伯伦图书有限公司（Oberon books limited）等共计 26 家出版社与出版公司的并购。[1] 借助收购这种形式，布鲁姆斯伯里出版集团不断丰富并完善其出版资源，进一步强化其在儿童出版、学术与专业出版等领域的优势。

（三）坚持内容，打造品牌

布鲁姆斯伯里出版集团注重对出版作品的内容把关，关注合作作家的作品质量和销售潜力，关心出版作品设计制作的标准，这些无一不表明其对于出版内容的专注与坚持。正是这种专注与坚持，使其在继出版 J. K. 罗琳创作的《哈利·波特》系列图书、打造“哈利·波特”图书品牌和 J. K. 罗琳作者品牌后，又成功打造了一批以凯莉·里德（Kiley Reid）创作的《如此有趣的时代》（*Such a Fun Age*）为代表的杰出作家品牌和优秀图书品牌。

（四）架构重组，稳步前行

2016 年，布鲁姆斯伯里出版集团重新构建原有的出版部门，将其改组

---

[1] Bloomsbury Publishing Plc. Corporate history［EB/OL］.（2021-03）［2021-07-28］. https：//www.bloomsbury-ir.co.uk/about/a_history.

为消费类、非消费类两大出版部门，分别负责成人虚构类与非虚构类图书、儿童虚构类与非虚构类读物和教育、学术与专业图书出版业务。[1] 出版部门架构的重组，既有利于布鲁姆斯伯里出版集团构建更加科学、高效的组织运作机制，也有利于更好地发挥消费类出版与非消费类出版的固有特性。相较于消费类出版受行业环境、市场需求的影响较大，非消费类出版往往具有稳定性和可预测性的特征，也正是这种稳定性与不稳定性、可预测性与不可预测性的结合，使得布鲁姆斯伯里出版集团在面对一些突发情况时更容易维持一种相对稳定的经营状态。

（五）嗅觉敏锐，勇于探索

一直以来，布鲁姆斯伯里出版集团始终面临着激烈的行业竞争与市场竞争，但在时光的流逝之中，它却始终保持着顽强的生命力、展现出蓬勃生机，甚至当出版行业因新冠肺炎疫情遭受重大冲击时，其营业收入却能维持相对稳定的水平，这一切离不开其对于数字出版的专注和对国际出版市场的重视。早在 1999 年，布鲁姆斯伯里出版集团便在世界范围内同时以印刷和电子格式出版 *Encarta* 世界英语词典；同年，宣布与麦克米伦建立战略合作伙伴关系，创建第二大词典数据库——英语语言教学数据库。因此，布鲁姆斯伯里出版集团从很早便开始关注出版数字化，正是这种敏锐的市场嗅觉帮助其在数字出版中抢占先机，也为后期数字出版打下了坚实的技术基础和资源优势。

此外，布鲁姆斯伯里出版集团始终重视国际出版市场。在立足于英国本土市场的基础上，布鲁姆斯伯里出版集团已经在纽约、悉尼及新德里设立办事处，以更好地服务于北美市场、澳大利亚市场和印度市场，

[1] 陈凤兰，姜婷婷. 试析“后哈利 · 波特时代”布鲁姆斯伯里出版集团的发展战略［J］. 北京印刷学院学报，2020，28（8）：1-6.

2020 年更是在中国成立了合资企业。受新冠肺炎疫情影响，2020 年中国国内图书销量同比整体下滑，实体书店的销售额与前几年相比有所下降；在线图书的销售额有所增长；儿童读物继续呈现增长态势等，布鲁姆斯伯里出版集团主张通过社交媒体、数字渠道等形式展开营销活动、进军中国童书市场。在数据分析的基础上，布鲁姆斯伯里出版集团充分分析中国出版市场的现状，把握机遇、勇于探索，这无疑是一次积极主动、勇敢果断的尝试，而敢于尝试，才有实现突破的可能性。

四、结　语

布鲁姆斯伯里出版集团在明确自身定位的基础上，发挥其品牌效应、内容服务组合、合作伙伴等关键资源的优势，通过开展数字出版、战略收购、国际扩张等核心业务，实现其立足英国本土市场、关注国际市场、消费类与非消费类出版部门协同发展等为特征的出版商业模式实践，成功从饱受新冠肺炎疫情冲击的全球出版产业困境中实现稳健发展。

当然，布鲁姆斯伯里出版集团商业模式在未来表现如何仍有待时间的检验，但是通过对其商业模式的分析，不难为我国出版企业商业模式的构建与实践提供以下几方面的启示：首先，出版企业要始终明确自身定位，在此基础上确定好目标市场；其次，出版企业要充分认识自身资源，开展与之相匹配的业务活动，以便更好、更充分地发挥自身资源的作用，强化竞争优势，进而更好地提升自身资源，以期实现良性循环；最后，出版企业要充分把握时机，全球化机遇也好，数字化趋势也罢，只有始终保持敏锐的行业嗅觉与市场敏锐度，才能在竞争激烈的环境中存活甚至赶超其他出版企业。

1916—1931年大东书局广告出版研究

潘俊辰

摘　要：大东书局是民国时期闻名全国的五大书局之一，从1916年创立到确立其出版地位的十五年内，书刊发行广泛，营业额逐年上升，而广告刊登是最具代表的。本文将深入探析大东书局在1916—1931年广告出版的特点，揭示大东书局的经济增长与广告刊登的密切关联，以及大东书局广告刊登对于其发展的影响。

关键词：大东书局；报纸；期刊；广告

据史料记载，“商务印书馆、中华书局、世界书局等几乎做到了有新书出，必然广而告之的地步。中小型书局、书店也大多在结合自身情况基础上，利用多种方式进行广告宣传”。[1] 同样大东书局也毫不例外地将广告出版作为其发行重点，在发展过程中摸索出一套适合自己的广告宣传体系，从而实现高效宣传，进而帮助自己在十五年内快速发展。

民国时期书业部门为了实现高效传播，通常将媒体组合后进行宣传。大东书局选择报纸和期刊作为主要的宣传载体。下文将具体从1916—1931年大东书

[1] 吴永贵．民国时期书业广告的组织与运作［J］．编辑之友，2009（5）：74-80.

局的报纸广告和期刊广告进行分析，并对其广告特点进行详细描述。

一、报纸广告出版特点

报纸作为民国时期传播力最强的媒介，自然是各大行业刊登广告的主要对象。据笔者不完全统计，1916—1931 年大东书局在《申报》《时报》《大公报》《新闻报》《益世报》《中国新书月报》《华北日报》《民国日报》等二十多家报纸上刊登过广告。而《申报》是民国时期报界数一数二的报纸，有资料显示，其 70% 以上的收入来自广告，[1] 是各大行业炙手可热的登报对象，其版面费自然是水涨船高。在 20 世纪 30 年代，《申报》的版面费达到每 5 平方厘米报纸广告面积收取一元五角大洋。[2] 可见，各行业在《申报》所刊登的广告更具说服力。因此，下文将以《申报》为主、其他报刊为辅来解析大东书局报刊广告的特点。

（一）广告宣传文案简洁，形式活泼

大东书局的广告在展现形式上堪称教科书级别。广告作为“说服人的艺术”，在宣传手法上要有所讲究。如同美国广告大师伯恩巴克（William Bernbach）所总结的引人注目的广告六大法则的第一条“广告干扰性越小越易吸引消费者”。[3] 正是如此，大东书局的广告文案简练、整洁，短短几句话便可使书刊核心内容跃然纸上。

例如，1930 年 11 月 18 日的《华北日报》中大东书局刊登了近期出版的《世界经济丛书》，广告内容为“编者侯厚培等，俱系经济学专家。收罗了战后经济事实统计材料为本书主骨，战前经济形象做历史上的背景。

---

[1] 郝雨阳．晚清民国报刊代派处广告研究［J］．宁夏师范学院学报，2018，39（12）．

[2] 吴永贵．民国时期书业广告的组织与运作［J］．编辑之友，2009（5）：74-80．

[3] 张许诺，赵倩．广告市场消费者心理表现研究［J］．营销界，2019（10）：142-163．

系统连贯，包含丰富，是唯一巨编”，❶ 随后列出丛书的书名、价格及发行地址和电话。由于广告版面无多余文字，信息之间以逻辑性相互排列、连接，简短两行字将编者、内容、本书的优势呈现出来，令读者一目了然，能够快速抓住需求信息。相较之下，其旁边的《文艺月刊》的广告显得冗长、干扰性强，容易被读者忽略。

除此之外，广告底色黑、白交叉形成强烈对比，并对字体字号进行跳跃式转变，更加吸引读者眼球，使广告呈现形式更加活泼。例如，1926 年 9 月 21 日大东书局在长沙《大公报》第四版中刊登了促销活动广告，此条广告共使用三种字体和三种符号，“黑底白字”配上滑稽的艺术字体更加吸睛。并且将主题“廉价再加大赠品，引起群众读者乐”使用大号字体，占用大部分广告的版面；“大好机会，切勿错过。详细书目，承索即启。长沙大东书局敬启。”白底黑字，使用小号字体紧跟在主题下方，占用较少广告的版面。因此，整个广告页面主次分明、错落有致的设计给读者留下深刻的记忆，进而读者能够将广告内容和大东书局快速对号入座。

另外，大东书局深谙消费者心理，广告用词精准，易引起消费者心理共鸣，带来高注目度。上述广告中，在“廉价”基础上再加“大赠品”，精准地把握住读者追求低价的心理，并将强有力的销售理念推给读者，成功在众多广告界面中占领高地。如此吸睛的处理方式即使夹在长沙南阳街会文堂“大减价”广告和东泰书局“大赠品”广告之间也能脱颖而出，从而提高广告在消费者面前的“可见度”。

根据广告市场对于消费者心理研究显示，随着广告出现频率的提高，消费者的注目度也会随之增强。❷ 根据《华北日报》粗略统计，大东书局所刊登的广告会持续 10 天左右，读者对广告的印象也随之加深。另外，它

---

❶ 《世界经济丛书》广告［N］. 华北日报，1930-11-18.

❷ 张许诺，赵倩. 广告市场消费者心理表现研究［J］. 营销界，2019（10）：142 转 163.

所在版面的位置会时常进行变动，从而增加版面的灵活性，避免读者阅读疲劳。

（二）广告刊登数量多，有出必刊

大东书局作为民国时期的综合性大书局，无论书籍还是期刊种类，基本做到“有出必刊”，使自己在各大报纸频繁“露脸”，形成较大的广告刊登数量。如表 1 所示。

表 1　1916—1931 年《申报》所涉及大东书局广告数量一览表

年份	《申报》涉及“大东书局”条数
1916	0
1917	0
1918	116
1919	248
1920	404
1921	330
1922	419
1923	359
1924	275
1925	229
1926	422
1927	235
1928	277
1929	376
1930	391
1931	250

数据来源：根据爱如生《申报》数据库。

从表1可以看出，大东书局最初经营的前两年未在《申报》刊登过广告。1918年，大东书局开始出现在《申报》上，数量达116条；往后3年，大东书局出现在《申报》的次数逐年递增，1921—1931年大东书局在《申报》中的广告数在300~400之间呈波浪式变动，从1918年算起，13年间《申报》涉及“大东书局”广告条数年平均为333条。有研究资料表明，1928年大东书局在《申报》刊登广告数量在168家出版机构中位居第12位。[1]

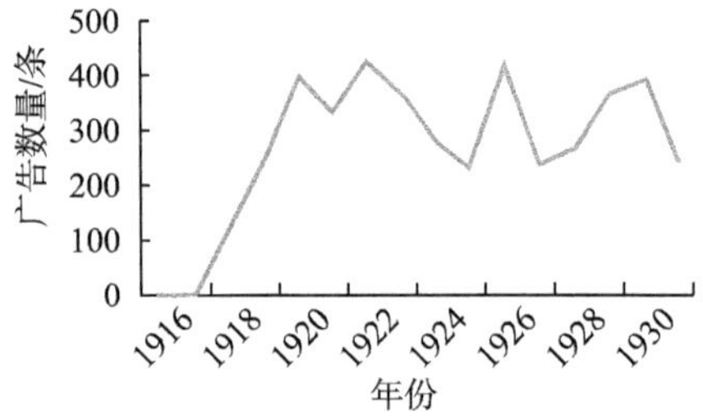

图1　1916—1931年《申报》涉及大东书局广告数量

另外，1925年、1928年及1931年《申报》涉及“大东书局”的广告数量有较大幅度的减少。据史料记载，1927年和1931年大东书局发生工人罢工事件，一定程度上影响了书局的业务运转。因此，广告刊登量有所下滑。

总而言之，大东书局“有出必刊”是一种很好的宣传举措，吸引了更多的读者，提高了大东书局的知名度，增加了书局的营业额。

（三）广告刊登版面大，位置显眼

大东书局的广告除了刊登数量多，其版面占比大，位置显眼。以1931年为例，4月27日适逢大东书局成立十五周年纪念日，大东书局在《申

---

[1] 刘召燕．1928年的民国出版业概观——以《申报》书业广告为视角［J］．出版科学，2019，2（23）：100-104.

报》的头版和第二版做了整版广告，邀请 20 多位政界精英和文化名人为其十五周年纪念册题字。此年大东书局曾多次在《申报》利用整版或半版的版面进行广告宣传，大东书局当时的实力，可以从中窥探一二。

民国时期的广告堪称是各行业兴衰的记录者，民国报人赵君豪称："想窥探一公司或商店的兴衰，只需观察其广告的表现，便可一目了然"。[1]而广告在报纸上所占的版面和所处的位置则体现了刊登者的实力。从表 2 可以看出，1931 年大东书局近乎每月都在《申报》刊登大篇幅的广告，并且多数广告占据头版。从位置上看，1931 年大东书局有 19 次占据《申报》头版位置，平均每月有两次，总共 7 次为头版头条。从所占版面来看，1931 年大东书局约有 6 次占据《申报》整版版面，20 次占据半版版面，1 次同时占据头版与第二版整版。可见大东书局当时之实力。

表 2　1931 年《申报》刊登广告中涉及"大东书局"情况一览表

日期	版面	广告内容
1 月 21	头版、半版	大东书局出版初中教科书
1 月 26	头版、半版	中学教科书、青年指导
1 月 27	第四版、半版	《新家庭》创刊号出版、初中各种教科书
2 月 6	头版、半版	初中各种教科书、《新家庭》夺标、日本之农村都市
3 月 17	头版头条、近整版	中学适用两大模范地图、大东书局重金征求商标设计、《戏剧月刊》杨小楼号出版、《新家庭》新一期出售
3 月 21	第四版、半版	新出版《戏学指南》《世界名家侦探小说集》
3 月 23	头版头条、半版	中学适用两大模范地图
3 月 25	头版、半版	新出版《日本警政考察记》、市政丛书、世界名家小说集、征集商标设计
4 月 10	头版、半版	春季新出版物
4 月 18	头版、半版	《社会科学杂志》及《科学月刊》发售预定、创设法律函授学社招生
4 月 27	头版及第二版整版	大东书局特刊

[1] 刘俊冉．论民国时期《申报》的童书广告［J］．出版发行研究，2019（9）：108-111.

续表

日期	版面	广告内容
4月28	头版、半版	大东书局新屋落成，三十五天廉价赠品
5月5	第四版、半版	大东书局新屋落成，三十五天廉价赠品
5月10	第三版、半版	大东书局新屋落成，三十五天廉价赠品
5月24	第四版、半版	大东书局新屋落成，三十五天廉价赠品
5月28	头版	大东书局经售新华书局的《学生辞源》
6月25	第十七版、半版	戏学指南——荀慧生号今日出版
7月1	第三版、半版	出版初中教科书及地图
7月9	第四版、半版	出版初中教科书、郭沫若新作《甲骨文字研究》《殷周青铜器铭文研究》
8月2	头版、整版	出版初中教科书、创业十五周年纪念，大赠券两个月
8月18	第三版、近整版	大东书局大赠券简则、预约《指海》、法律函授学社招生
8月26	头版、整版	出版小学教科书、初中党义教本、初中英语读本、郭沫若名著、《法律债编总论》《继承新论》、奖励发明文具者
8月29	头版、半版	出版初中教本
9月5	头版、整版	出版初中教本、高中教本、世界中华形势一览图、教育部审定地图等
9月10	头版、整版	出版初中英语教本、两大模范地图、高中初中党义教本、初中算数教本、新制中华教科地图、初中化学自然等教科书
10月16	头版头条、半版	预定《现代学生》、出版《1931世界年鉴》
10月29	头版	大东书局代售《日本侵略我东北地图》
12月7	头版、近半版	出版《日本国势现状》《欧美各国宪法史》《时事年刊》

数据来源：根据爱如生《申报》数据库。

（四）广告刊登种类丰富，形式多样

从表2可以看出，在所刊登的广告中，中学用书占比最大，大多为教科书、教育部审定地图、英语读本等。从表2中刊登广告的版面、密度及图2各月份广告数量变动可以看出，3、4月及8、9月是学校春季和秋季的开学季，正是教学用书售卖的旺季。所以，为促进销量，大东书局给予教学用书最大的宣传力度。民国时期的出版界有一个不成文的规定，只有

出版发行教科书的书局才称得上是“大书局”，显然，处于成立十五周年的大东书局已然挤入“大书局”行列。根据图 2 可知，大东书局在 11 月广告数量最多，是因为 1931 年 11 月前后，大东书局爆发工人罢工运动，一段时间内《申报》及各大报纸都在报道当时大东书局的罢工新闻。因此，“大东书局”检索条数增多。

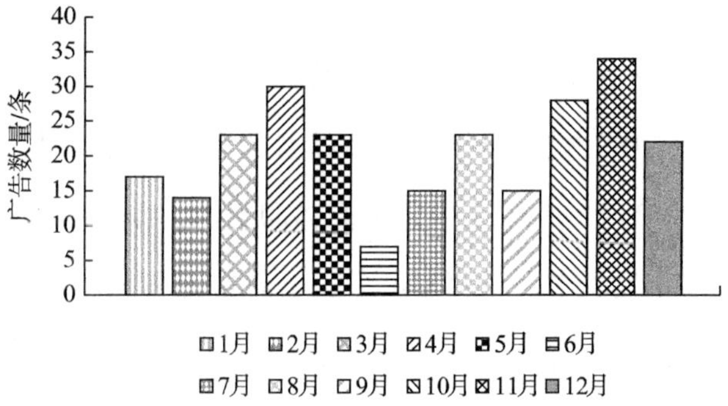

图 2　1931 年大东书局各月份广告数量

除了教学用书，大东书局在《申报》刊登广告的种类多样。刊登广告的主要类别为书刊预售、书刊出版、促销广告、文具出售、紧急通知等。其所刊登广告的类别有侧重，小说、体育、戏剧、历史、政治及法律类书籍的预定和出版最为常见。同时也会发布“创办法律函授学社进行招生”“大东书局股份有限公司召集股东年会公告”等通知。此外，也会通过报刊发布书局举办的活动，如“重金征求商标设计”“奖励发明文具”等。

值得一提的是促销型广告，大东书局会冠以各种话题，进行书刊的促销活动。从表 2 可看出，大东书局在 1931 年 4 月 28 日以“新屋落成”为由进行持续 35 天的廉价赠品活动，并以一周为周期再次在《申报》上以大幅的版面提醒读者，促销广告刊登贯穿整个活动始末，以期达到最好的宣传效果。此外，大东书局还有“庆祝北伐胜利二次半价大竞买七天”“总店开幕廉价”“星期廉价”“春季大减价”等各种主题的廉价促销运动。经笔者调查，除《申报》其他报纸所刊登的大东书局促销广告也都贯穿整个促销活动中，从而高效拉动经济增长。

（五）注重多种经营，代售量大

笔者在统计1931年《申报》涉及“大东书局”的广告中发现，大东书局为其他机构代售或寄售的广告数量占“大东书局”总广告数的42%左右。可见为其他机构进行书刊、文具的代售分销也是大东书局业务中举足轻重的一部分。其中，代售分销的物品以书刊为主，文具用品为辅。根据1931年《申报》显示，大东书局曾为商务印书馆、中华书局、开明书店、三益书店、新华书局、上海神州编译局、上海市社会局、岚声书屋、广文书局、上海财政局、华普书局等几十家机构分销代售书刊。另外，它也曾经售过国货博士牌自来水笔、国产橡胶自来复印器等文具用品。由此可见，大东书局在当时的出版界已占有一席之地，它的知名度和庞大的读者量是吸引众多机构与其合作的重要原因。

二、期刊广告刊登特点

期刊作为大东书局出版业务中最重要的一部分，与商务印书馆、中华书局的“精英路线”不同，大东书局的期刊跨越了不同的阶层，创办了许多“通俗风”的期刊。由于通俗期刊的可读性较强，社会各界人士热衷于阅读这类期刊，大东书局积累了大批量粉丝，例如，“紫色系列”的《半月》《紫罗兰》《星期》《紫兰花片》。此外，大东书局也创办了许多受众明确的专业性期刊，例如，《戏剧月刊》是当时风靡上海滩的戏剧期刊。下文将主要围绕《紫罗兰》和《戏剧月刊》，对1916—1931年大东书局的期刊广告刊登进行解析。

众所周知，期刊是信息传播的载体，同时广告是期刊经营的重要组成部分，社会各行各业为了提高自身知名度，通常选择期刊作为广告宣传的重要渠道。同样，大东书局将期刊作为广告刊登的重要领域。

（一）期刊广告双管齐下，紧跟潮流

大东书局的期刊广告主要刊登在自家创办或代理发行的期刊及其他机构的期刊中。表 3 整理了大东书局 1916—1931 年在各类期刊刊登广告的情况。

表 3　涉及“大东书局”的期刊广告及刊登杂志

<table>
<tr><th>时间（年）</th><th>大东书局创办或代理期刊</th><th>其他机构期刊</th></tr>
<tr><td>1919</td><td>无</td><td>《政府公报》</td></tr>
<tr><td>1920</td><td>无</td><td>《政府公报》</td></tr>
<tr><td rowspan="2">1921</td><td>《半月》</td><td rowspan="2">《政府公报》</td></tr>
<tr><td>《游戏世界》</td></tr>
<tr><td rowspan="2">1922</td><td>《星期》</td><td rowspan="2">无</td></tr>
<tr><td>《紫兰花片》</td></tr>
<tr><td rowspan="3">1923</td><td>《戏学指南》</td><td rowspan="3">《政府公报》</td></tr>
<tr><td>《学生文艺丛刊》</td></tr>
<tr><td>《滑稽》</td></tr>
<tr><td rowspan="5">1924</td><td>《学生文艺丛刊汇编》</td><td>《绍兴医药月报》</td></tr>
<tr><td rowspan="2">《梨花杂志》</td><td>《政府公报》</td></tr>
<tr><td>《新教育》</td></tr>
<tr><td rowspan="2">《大东月报》</td><td>《河南教育公报》</td></tr>
<tr><td>《奉天公报》</td></tr>
<tr><td rowspan="2">1925</td><td rowspan="2">《紫罗兰》</td><td>《三三医报》</td></tr>
<tr><td>《三日画报》</td></tr>
<tr><td rowspan="2">1926</td><td rowspan="2">无</td><td>《学生文艺丛刊》</td></tr>
<tr><td>《江苏实业月志》</td></tr>
<tr><td>1927</td><td>无</td><td>《上海画报》</td></tr>
<tr><td rowspan="2">1928</td><td rowspan="2">《戏剧月刊》</td><td>《国货汇编》</td></tr>
<tr><td>《上海特别市市政府市政公报》</td></tr>
<tr><td>1929</td><td>无</td><td>《财政日刊》</td></tr>
<tr><td>1930</td><td>《现代学生》</td><td>《湖北教育厅公报》</td></tr>
</table>

续表

时间（年）	大东书局创办或代理期刊	其他机构期刊
1931	《新家庭》	《财政日刊》
		《红旗周报》
		《中国新书月报》
		《草野》
		《审计部公报》
	《时事年刊》	《读书月刊》
		《民治》
		《北京大学日刊》
		《优生》

数据来源：根据爱如生《申报》数据库。

从表3中可以看出，与报纸方面相似的是，大东书局在最初发展的前三年未曾有期刊涉及。自1919年始，大东书局开始出现在其他机构刊登的期刊中。由于20世纪20年代的广告业成为新兴行业，广告成为专人设计、专人发行的便捷高效推广形式，因此，期刊广告被更多的人接受。1928年至1932年被称为近代广告的黄金时期，期刊广告得到快速发展。[1] 因此不难从表3中发现，这段时期大东书局出现在其他机构主办的期刊中的频率和密度都有所增加。1931年被称为民国出版业最为“顺风顺水”的一年，同样也是大东书局新屋落成、成立十五周年的一年，其他机构主办的期刊中涉及“大东书局”的广告明显较之前增多。能够看出，大东书局在当时已在出版业占有一席之地及大东书局对发行推广的重视，并且能紧跟行业潮流。这一系列行为从侧面反映出，大东书局这一时期的领导人沈骏声对行业变化有着敏锐的洞察力和杰出的业务能力。

1916—1931年，大东书局有10多种期刊问世，近乎每年都出版新期

[1] 杨浩．以《戏剧月刊》为例谈民国时期的期刊广告［J］．四川戏剧，2017（10）：144-147.

刊，且期刊内容丰富、包容性强，销售广泛。有数据记载，周瘦鹃主编的《紫罗兰》在兴盛时期每期销量高达 4 万份，是巨大的流量聚集地。由于是自家发行的期刊，大东书局有近水楼台先得月的便利条件，更利于广告刊登。因此，大东书局所发行的每本期刊中都有自家不同数量的广告。显然，大东书局把自家发行的期刊作为广告刊登的重要阵地。

（二）期刊广告定位明确，投放精准

在大东书局创办的期刊中，有像《半月》《紫罗兰》这种面向大众、内容涉及广泛的通俗期刊，也有如《戏剧月刊》针对性强的专业期刊。大东书局在选择广告投放时对这两种期刊有所侧重。以 1928 年第 3 卷第 14 期《紫罗兰》和 1928 年第 1 卷第 1 期《戏剧月刊》广告内容为例进行对比分析。如表 4 所示。

表 4　大东书局通俗期刊广告与专业期刊广告对比

1928 年第 3 卷第 14 期《紫罗兰》广告内容	刊登对象	1928 年第 1 卷第 1 期《戏剧月刊》广告内容	刊登对象
绞口牌香烟	未知	新戏《开天辟地》	丹桂第一台
双头鸟牌啤酒	上海义成公司	新戏《梦游广寒》	林记更新舞台
赛狗场	上海赛狗场总会	新戏《封神榜》	天蟾舞台
孔雀领带公司开幕	孔雀领带公司	新戏《镇国高廷赞》	荣记大舞台
惠民奶粉	惠民奶粉公司	新戏《穿金宝扇根》	上海舞台
《风琴胡琴小调大观》	大东书局发行	《戏学汇考》	大东书局发行
冠生园食品推广	冠生园食品	《老上海卅年见闻录》（书中含歌场轶事）	大东书局印行
推销绸缎、专制服装	九华绸缎商店	《风琴胡琴小调大观》	大东书局发行
售卖衣料等商品	明华商店	《舞侣》（关于教授舞蹈书籍）	大东书局发行
白金龙烟草	南洋兄弟烟草公司	《福尔摩斯探案全集》	大东书局发行
美丽牌香烟	华城烟公司	承印各种印刷制品	大东书局印刷所

续表

1928 年第 3 卷第 14 期《紫罗兰》广告内容	刊登对象	1928 年第 1 卷第 1 期《戏剧月刊》广告内容	刊登对象
《上海常识》	玫瑰书店发行	最新出版之名著三种	玫瑰书店发行
《福尔摩斯新探案全集》	大东书局发行	装订各种中西书刊杂志	全信记中西制本所
治小儿疾病药片	韦廉士医生药局	高亭唱片	高亭公司
治疗疥疮药膏	韦廉士医生药局	宣传照相馆	光艺照相馆
红色补丸	韦廉士医生药局	宣传照相馆	美艺油画照相公司
无敌牌牙粉	家庭工业社上海总厂	大联珠香烟	未知
夏秋必备之灵药	虎标永安堂	白金龙香烟推广	南洋兄弟烟草公司

数据来源：根据中国近代报纸全文数据库。

从表 4 中可以看出，总页数为 125 页的通俗期刊《紫罗兰》与总页数为 204 页的专业期刊《戏剧月刊》所刊登的广告数相当。《紫罗兰》中刊登广告的页面占总页面的 12. 8%，这比较贴合目前国内期刊通行的广告占总页码 15% ~25% 的惯例。[1] 相较而言，《戏剧月刊》刊登广告的页面只占总页面的 8. 3%，专业期刊广告占比更低。

另外，通俗期刊与专业期刊刊登广告内容趋向也有所不同。《紫罗兰》作为通俗期刊，其面对的受众大多为市井百姓，日常的话题都是围绕生活中的柴米油盐。因此《紫罗兰》刊登的广告大多为生活用品，从食品奶粉、绸缎、药膏一系列生活用品到香烟、书籍、赛狗场等娱乐用品或场所。而《戏剧月刊》作为专业性期刊，其受众更具有针对性。在民国时期，看戏剧表演是各界达官贵人及文人墨客最喜爱的娱乐活动。由于民国时期动荡的时局，“飞票”（“黄牛”售卖的票）和“加价票”等不规范的操作无人管辖，使得寻常百姓难求一票。因此，戏剧爱好者的消费能力要

[1] 方晓．学术期刊广告营销策略研究［J］．北方经贸，2017（8）：30-31.

强，进戏园听戏的人家都得有些许积累。另外，戏剧作为一种高雅的艺术，其受众多是具有较高的文化素养和欣赏能力的知识分子。基于这两点，《戏剧月刊》上刊登的广告集中在各大舞台的新戏推送、艺术类书籍推送、照相馆及唱片等艺术性、娱乐性较强的广告推送。《戏剧月刊》广告物品的消费档次明显高于《紫罗兰》。

此外，关于自家广告的投放。从表 4 可以看出，由于《紫罗兰》大多围绕生活用品进行广告刊登，大东书局广告数量在整刊总广告数中占比较少。《戏剧月刊》广告更具娱乐消遣性，多数刊登大东书局出版发行的关于艺术类书刊广告。

从上述分析可以看出，大东书局在市场分析和广告投放时善用技巧。首先，分析刊物受众特征，勾勒消费者人物画像，然后将广告“对号入座”。这样一来，既减少财力人力的损耗，又实现高效率的流量变现，足以看出大东书局在民国时期超前的营销理念。大东书局凭借刊登的广告效果好，能够吸引更多的客户，进一步实现资本积累。1928 年大东书局在《紫罗兰》和《戏剧月刊》刊登的“代办推广”中称“欲求出品畅销须常川委托敝局规划局，因存货山积需委托敝局为临时规划者……”，可见大东书局的期刊广告发展之兴盛。

（三）期刊广告创作质量高，编排新颖

大东书局招揽业内外杰出的人才，创作的广告质量高。大东书局的“御用文人”兼主编包天笑、周瘦鹃曾多次为其书刊创作广告。广告的创作者既要清楚书刊的内容和性质，又要深谙出版市场的风向和目标受众的心理需求，因此，大东书局选择作者、编辑直接创作广告，扫除信息传播途中的众多障碍，推动内容与读者的直接“对话”，从而有效地拉动书刊销量的增长。

在美工绘图方面，大东书局聘请中国著名画家、音乐家严箇凡（也称严个凡）及中国商业广告商之父杭穉英担任制版及广告、封面插图的制作。在《半月》《紫罗兰》《游戏世界》等多本杂志中都可欣赏到他们高水准的绘图。此外，在文字编排上，大东书局不仅邀请庞亦鹏、谢之光等名家参与创作，还邀约胡亚光、丁悚、守仁、映霞等沪上美术名流进行插图创作。

高质量的文字内容、时尚的配图、新颖的编排“拼合”在一起，创造出新的花样，并给予读者不同的视觉感受，给读者一种欣赏艺术品的感觉，从而提升了视觉传播价值的文化品位，加深了广告商品在读者脑海中的印象，使广告传播效果更佳。

（四）期刊广告代办推广，区别定价

大东书局把期刊打造为一座铁打的“招商楼盘”，以此融资。大东书局在发行的期刊中都附有一则“代办推广”的广告及广告版面价位表。所谓“代办推广”，就是指现代的广告代理制，广告主委托广告公司对其商品进行策划宣传。它作为经济发展到一定阶段的产物，可以判断当时社会的经济发展情况及社会所处的阶段，也能够更加立体地凸显大东书局的经济结构及业务的深入扩展。

经笔者分析，大东书局期刊广告价格按照版面分为文内、封页、底里、图前、普通页面等，按照版面大小分为全面和半面。五彩印与彩色纸印价目另议。笔者主要分析了 1927 年第 2 卷第 11 期《紫罗兰》及 1928 年第 1 卷第 3 期《戏剧月刊》的广告。前者仅简单地分为普通页、封页、底里三类，后者相较而言更加细化。不仅如此，后者还添加了文内广告版面，增加了期刊活泼性，形式上更加接近现代报纸。在价格上，作为专业性期刊的《戏剧月刊》比大众期刊《紫罗兰》平均高出十多元。究其原

因，《戏剧月刊》的受众是有较高消费能力的群体，广告对象更高档一些，因此广告价位较前者更高。

（五）广告图文并茂，构思巧妙

在期刊广告的表现形式上，大东书局多采用以下几点手法，以期达到最佳宣传效果。①图文并茂，文字简练有趣，绘图生动形象，易勾起读者购买欲。②广告刊登多以整版为主，图文分配有序，版面整洁。③构思巧妙，重要信息呈现形式特殊化，主次分明。

以 1928 年第 1 卷第 1 期《戏剧月刊》“白金龙香烟”广告为例，标题为“君子有三乐”。作为香烟广告，一开始并未马上介绍香烟的品牌及优势，而是抛给读者一个定位“君子”“三乐”，进而引起读者好奇心“哪三乐”？接下来解释“饮龙井茶一乐也，观《戏剧月刊》二乐也，吸白金龙香烟三乐也”。右边配图为一位身姿曼妙身着戏曲服饰的女子，手持白扇，上面写着“白金龙”三个大字，女子注视方向是一盒“白金龙香烟”的图像。整个版面简单规整，文字与图片搭配相得益彰，话题有重点突出。此外，最出彩的是广告内容的构思，戏曲是民国时期最为人追捧的娱乐活动，人们以听戏观剧为时尚。此广告将“吸白金龙香烟”与“观《戏剧月刊》”并称为君子的“三乐”，自然令读者感觉“吸白金龙香烟”为一种潮流，另配有戏剧图片增加视觉上的冲击，有效地使广告在读者中转化。

整个广告未有一句陈述商品的优点，却巧妙地宣传了商品，并能使读者留下深刻印象，实为当今广告创作者学习榜样。

三、总　结

纵观 1916—1931 年大东书局广告刊登，可以总结如下几点：第一，大东书局善用媒体组合宣传。大东书局把报纸与期刊相结合作为自己开辟市场的工具，并采用多种方式呈现广告。第二，大东书局紧跟行业潮流。随着20世纪20年代广告业的兴盛，大东书局在广告宣传上投入更多的精力，增加广告刊登的数量并重视期刊广告发展。第三，教学用书是大东书局广告刊登的重点。第四，大东书局注重多种经营。根据大东书局出版的广告，大东书局不仅为其他机构代售书刊和文具，而且进行广告代理推广。第五，大东书局营销理念超前。大东书局深谙消费者心理，能够细分受众，精准地进行市场定位。第六，大东书局善用人才，重视广告质量。大东书局从业内外邀约行业的顶尖人才进行广告创作，广告传播效果极佳。

大东书局的广告策略帮助它在1916—1931年实现营业额持续的增长，确立了其在出版界的地位。与此同时，大东书局逐渐树立起来的品牌，也促使它的广告业发展兴盛，越来越多的机构与大东书局合作，委托其进行广告刊登和商品代销。这说明大东书局的发展与它的广告业兴衰紧密相连。

新冠肺炎疫情影响下的美国图书出版业现状及趋势

唐姝菲

摘　要： 随着2020年新冠肺炎疫情在全球的蔓延，各行各业均受到不同程度的影响。就美国图书出版业来说，不同于其他行业遭受的严重影响，总体来说表现良好，但按照类别细分后，不同类型图书销售的情况差异巨大，严重不平衡。本文梳理了疫情期间有关美国图书出版市场的研究报告、文章、新闻评论等各类文献资料，在进行文献研究、数据分析的基础上，阐述疫情影响下的美国图书出版业现状，对出版商、零售商、图书馆和印刷业进行了具体分析，最后对后疫情时代美国书业发展趋势进行探讨。全文展现了不同书业参与者面对疫情冲击时从最开始的措手不及，到后来采取各项措施扭转颓势，并在适应中利用数字融合求生存求发展的转变。

关键词： 新冠肺炎疫情；出版商；大众出版；零售商；图书馆

2020年一场新冠肺炎疫情席卷全球，疫情以前所未有的规模冲击了全球各个产业，国际出版业同样受到了极大的影响。出版商通过裁员、居家办公、减少图书出版等方式来缩小开支；零售业表现在实体书店纷纷关闭，只能通过其他方式呼吁顾客购买图书，缓解疫情造成的销量下滑，不少书店求助众筹网站来筹集资金；一些书展和书业活动纷纷延期甚至被迫停办……在疫情的旋涡中，每一方都在尽最大努力减少损失和冲击，本文章呈现了疫情下美国图书出版业的现状来展现疫情对美国书业的巨大影响，进而梳理了图书出版业各方为了最大限度降低疫情对本行业的影响而积极采取的各项举措，以期重构后疫情时代的行业格局。

一、出版商整体表现良好，不同领域各有特点

根据1354家出版商向美国出版商协会（AAP）的Stat Shot计划提供的年终数据，2020年图书出版销售额与2019年基本持平，相比2019年增长了0.1%，总额为148亿美元。其中2020年大众类图书销售额同比增长了9.7%，达86亿美元。成人图书和儿童及青少年读物两大类别分别增长12%和6.4%，而教育两大板块（K12教材和高等教育课程教材）则出现明显下滑，尤其是K12教材的销售额降幅高达19.6%[1]（见表1）。

表1　2019—2020年美国图书出版商所有类别销售总额及变化（单位：亿美元）

图书类别	2020年	2019年	变化
成人读物	55.021	49.138	12.0%
儿童及青少年读物	24.305	22.835	6.4%
专业图书	6.189	6.127	1.0%
K12教材	25.467	31.683	-19.6%
高等教育课程教材	28.725	30.016	-4.3%
大学出版	0.494	0.483	2.2%

[1] AAP DECEMBER 2020 STATSHOT REPORT: PUBLISHING INDUSTRY DOWN 8.5% FOR MONTH; UP 0.1% FOR CALENDAR 2020 [EB/OL]. (2021-02-25) [2021-08-11]. https://publishers.org/news/aap-december-2020-statshot-report-publishing-industry-down-8-5-for-month-up-0-1-for-calendar-2020/.

续表

图书类别	2020 年	2019 年	变化
其他	0.655	0.702	-6.6%
合计	147.529	147.389	0.1%

数据来源：根据美国出版商协会（AAP）2020 年 Stat Shot 报告。

（一）大众出版

大众图书作为美国图书出版业中份额最大的板块，受疫情影响的程度相对来说最为明显和严重。总的来说，2020 年美国大众出版市场的销量表现不错，持续性下降的现象并未出现，因为数字格式需求量大幅增加，线上销售和通过非书店网点的销售额抵消了实体书店的损失。

1. 成人图书

在成人图书板块，2020 年纸质图书和数字图书的销售额都有所增长。其中精装书的销量增幅最大，比 2019 年增长了 18.9%。2020 年 12 月的强劲表现推动了全年销售额的增长，在此期间，巴拉克·奥巴马（Barach Obama）的《应许之地》大幅销售，该书的定价上涨了 25.8%，达到 45 美元。2020 年大众平装书销量增长了 7.8%，而袖珍平装本销量下降了 2.5%。[1]

2. 数字图书

可下载有声书又迎来了辉煌的一年，2020 年的销售额同比增长了 15.3%，在所有成人书籍销售中的份额从 2019 年的 10% 微升至 10.3%。

[1] Trade Publiching Segment Shines in a Flat 2020 [EB/OL]. (2021-02-25) [2021-08-11]. https: //www. publishersweekly. com/pw/by-topic/industry-news/financial-reporting/article/85666-trade-publishing-segment-shines-in-a-flat-2020. html.

电子书的表现是几年来最强劲的，销量比2019年增长了11%。但由于纸质图书销量的增长幅度更大，电子书在成人销售中的份额略有下降，从2019年的17.2%降至17%。❶ 就五大出版商来说，数字销售几乎是2019年各大财报的亮点。

纸质书和数字有声书是拉动西蒙与舒斯特集团的两驾马车。有声书在第一季度的销售额增长了7%，第二季度涨幅再次达到14%，抵消了实体有声书销售下降的损失。电子书销售额至少三年来首次增长，增长了1%。总体而言，2019年的数字销售额增长了7%。❷

麦克米伦在2019年的销售亮点是有声读物，销售额增长了大约25%。❸

企鹅兰登书屋2019年全球业务增长6.2%，据母公司贝塔斯曼指出，其有声书业务、有声读物不仅在美国而且在大多数市场都有增长的动力。❹

哈珀柯林斯的数字图书产品包括用于平板电脑、电子书阅读器和移动设备的电子书和有声读物。截至2019年6月30日财年报告，数字销售（包括电子书和数字有声读物销售产生的收入）约占全球消费者收入的20%。❺

阿歇特集团2019年有声书业务在所有地区都继续保持增长。在美国图书市场，纸质图书市场略下降约1.1%，电子书销量也略有萎缩，但有声

---

❶ Trade Publishing Segment Shines in a Flat 2020 [EB/OL].（2021-02-25）[2021-08-11]. https://www.publishersweekly.com/pw/by-topic/industry-news/financial-reporting/article/85666-trade-publishing-segment-shines-in-a-flat-2020.html.

❷ Wischenbart R, Fleischhacker M A. Global 50 The World Ranking of the Publishing Industry 2020. [EB/OL].（2020-08-31）[2021-08-11]. https://www.buchreport.de/news/tag/global-50-the-ranking-of-the-publishing-industry-2020/.

❸ 同②

❹ 同②

❺ 同②

读物销量连续第五年大幅增长，增幅约28%。数字格式图书收入比重同比增长，占比2019年出版收入的11.1%。❶

3. 儿童读物

在疫情暴发期间，人们居家办公，美国各类学校纷纷停课，家长和孩子不得不习惯远程学习，儿童读物尤其是教育书籍因此表现良好。2020年少年非小说类的纸质书销售量增长了23.1%，少年小说类图书的销售额增长了11%。❷ 2020年儿童读物的数字销售表现出色，但只占整体销售的一小部分。其中2020年儿童读物的电子书销售额相较于2019年增长了70.5%，占销售总额的5.5%；可下载有声书销售额增长37%，占销售的2.8%。纸版书2020年销售额同比增长了18.2%，占销售总额的7.9%；精装书销量增长5.6%，而平装书销量增长3.2%。❸

对于一些儿童书店来说，受疫情影响关闭开放不仅仅是代表着客户无法亲自挑选书籍，而是在特殊时刻要表现出的社区承诺，如何与客户建立联系来满足社区的需求。尽管有社交距离的要求、各种交流会的取消及疫情造成的其他障碍，但许多儿童书商还是找到了出售和赠送书籍的方法以保障儿童阅读。许多书商将他们的商店变成了“迷你仓库”，并开始提供路边取货和免费送货服务。加州圣卡洛斯一家叫“The Reading Bug”的书店开始提供爱心包：书籍、工艺品、游戏和说明书，确保孩子在学习的同

❶ Wischenbart R, Fleischhacker M A. Global 50 The World Ranking of the Publishing Industry 2020. [EB/OL]. (2020-08-31) [2021-08-11]. https://www.buchreport.de/news/tag/global-50-the-ranking-of-the-publishing-industry-2020/.

❷ Print Book Sales Rose 8.2% in 2020 [EB/OL]. (2021-01-07) [2021-08-11]. https://www.publishersweekly.com/pw/by-topic/industry-news/bookselling/article/85256-print-unit-sales-rose-8-2-in-2020.html.

❸ Trade Publishing Segment Shines in a Flat 2020 [EB/OL]. (2021-02-25) [2021-08-11]. https://www.publishersweekly.com/pw/by-topic/industry-news/financial-reporting/article/85666-trade-publishing-segment-shines-in-a-flat-2020.html.

时也能动手实践，具有教育意义。在丹佛的“Second Star to the Right Books”书店，拼图是孩子们最喜欢的。该商店还销售宇宙和野生动物的口袋信息指南及智力游戏。每天下午还举办在线聊天活动和书商对话。[1]

（二）教育出版

教育是经济领域受疫情影响最为彻底的。疫情似乎加剧了K12和高等教育市场出版商面临的困难。根据美国出版商协会报告，2020年的教育收入与2019年相比下降了10.9%，为60亿美元。高等教育收入下降4.3%，为29亿美元。K12教材收入下降了19.6%，为25亿美元。[2]

业内人士普遍认为，教育机构已经迎来了改革和创新的最佳时机，而教育出版商多年来投在数字教育的心血正在得到回报。K12和高等教育都经历了运营模式的艰难转变，疫情只是加速了数字化速度。K12受到州和地方政府资源的影响，以及学生不愿为虚拟化教育体验支付全额学费、推迟入学等。教育出版商在高等教育市场已经开始转型，从销售教科书向订阅内容包和云服务转变。

培生教育集团在2019年宣布，未来1500种教科书的更新都将以数字方式进行。虽然它在2020年前9个月的整体销售额下降了14%，但其全球在线学习部门的同比增长为14%，虚拟学校的入学人数增长了41%。麦格劳希尔（英）的包容性访问（Inclusive Access）订阅模式的销售额在第二财季同比增长43%，有助于推动整体数字计费的增长。专

---

[1] Children's Books and Games on the Rise During Covid-19 [EB/OL]. (2020-04-28) [2021-08-11]. https://www.publishersweekly.com/pw/by-topic/childrens/childrens-industry-news/article/82808-children-s-books-and-games-on-the-rise-during-covid-19.html.

[2] AAP DECEMBER 2020 STATSHOT REPORT: PUBLISHING INDUSTRY DOWN 8.5% FOR MONTH; UP 0.1% FOR CALENDAR 2020 [EB/OL]. (2021-02-25) [2021-08-11]. https://publishers.org/news/aap-december-2020-statshot-report-publishing-industry-down-8-5-for-month-up-0-1-for-calendar-2020/.

注于 K12 的霍顿·米夫林·哈考特（Houghton Mifflin Harcourt Books & Media）的云服务在年度报告中显示增长了 147%，达到 1.1 亿美元，其教育平台增长了 388%。该公司还宣布打算退出大众出版业，成为一家纯粹的教育技术提供商。❶

二、零售书店经营惨淡

实体零售本身有几个组成部分，首先从广义上讲有连锁书店、独立书店、大型零售商，以及药店、杂货店、机场商店等的“报摊”。其次是数字零售，占大多数图书出版商销售额的 10% 以上，以及绝大多数自出版销售额。亚马逊公司至少控制着该市场的 3/4。2020 年，美国零售业总体销售额变化不大，但每月都有不小的波动。2020 年 4 月份的销售额比 3 月份下降了 14.7%，但随后 5 月份又上升了 18.3%。11 月零售额较 10 月下降 1.1%，但较 2019 年 11 月上升 4.1%。自 2020 年 3 月开始强制关闭以来，超过 40 家零售商申请了破产，8600 多家商店关闭。❷

（一）独立书店纷纷关闭

独立书店扮演着社区的重要角色，它们在促进思想的开放交流、丰富社区的文化生活和创造充满活力的社区经济方面发挥着独特的作用。2020 年，受新冠肺炎疫情影响，大多数独立书店进入“休眠”状态，其中一些书店采取停业、裁员等方式，减少经营成本，从而帮助书店渡过难关。例如一年一度的独立书店日推迟举行，全国 600 多家书店通过线上线下结合

❶ Pondering a Post-Covid World for Educational Publishing [EB/OL]. (2020-12-18) [2021-08-11]. https://www.publishersweekly.com/pw/by-topic/digital/content-and-e-books/article/85165-pondering-a-post-covid-world-for-educational-publishing.html.

❷ Guren C, McIlroy T, Sieck S. COVIDl-19 and Book Publishing: Impacts and Insights for 2021 [J]. Publishing Research Quarterly. 2021; 37 (1): 1-14.

及图书折扣和独家商品销售等方式来庆祝，线上活动包括作家与插画家合作的绘画课、图书分享会，还有各种话题的小组讨论。书店还出售印有“阅读”等字样的口罩，带有艺术设计的T恤、帽衫和运动衫等，也可网上购买。例如布鲁克林的15家书店合作出售艺术家平·哈塔（Ping Hatta）设计的马克杯、手提袋和T恤衫；圣地亚哥的书店向在书店消费30美元的顾客赠送由设计师苏西·加雷曼尼（Susie Ghahremani）设计的独家猫头鹰别针；还有一些书店会提供购书折扣或免费送货服务，与作家进行签售活动等。[1]

2019年6月，埃利奥特管理公司（Elliott Management）以超过6.8亿美元的价格收购美国最大的实体书店巴诺书店当时的627家门店。到2020年夏天，巴诺书店大幅扩大了在线销售。4月和5月，该公司在美国的600多家门店中，有400多家暂时关闭。到了深秋，咖啡馆和杂志报摊的销售额仍然大幅下降，但图书销售额实际上比一年前有所增长，这得益于在线销售，销售额翻了一番。

（二）亚马逊公司表现强劲

出版行业曾经认为，包括独立书店在内的实体书店将被线上电商所取代，尤其是在亚马逊平台出现之后，电子图书的增长一度十分惊人，大有取代实体图书之势。超过一半的图书零售都是在网上进行的，亚马逊至少占了一半的销售额。受新冠肺炎疫情影响，大众消费从线下转为线上，亚马逊得益于其强大的物流系统，在疫情期间的销售额逆势激增，人们迫切需要这样的企业为他们配送必需品。截至2020年9月30日，亚马逊第三

[1] Bookstores To Celebrate Independent Bookstore Day With Mix Of Virtual And In-Person Events [EB/OL]. (2020-08-28) [2021-08-11]. https://www.forbes.com/sites/rachelkramerbussel/2020/08/28/bookstores-to-celebrate-independent-bookstore-day-with-mix-of-virtual-and-in-person-events/?sh=2c8f6c3c3acb.

季度净销售额同比增长了37%，达到961亿美元，但亚马逊从未单独公布图书销售收入。[1]

（三）书业活动停滞

疫情暴发期间，出版业许多活动被迫取消，各类书展主办方的会议业务受到打击。据母公司 RELX 报道，到 2020 年前 9 个月，收入下降了70%。预计全年收入为 3.3 亿至 3.6 亿英镑，在采取一系列降低成本的举措（包括裁员）后，全年总成本预计为 5.3 亿至 5.4 亿英镑。而 2019 年的总收入为 13 亿英镑。2020 年 ReedPop 将美国书展“BookExpo America”转为线上举行，创建在线论坛。随着人们对疫情未来发展的担忧，励展博览集团（Reed Exibitions）宣布 2021 年将不再举办美国书展，同时取消 BookExpo、BookCon 等活动。[2]

三、图书馆多措并举，创新服务

（一）加大资金投入，提高数字服务

疫情暴发之前，围绕图书馆的最大争议便是和几大主要出版商尤其是麦克米伦的电子书条款冲突。美国几大主要出版商利用电子书涨价、限制电子书借阅次数、限制数字资源获取等方式来限制图书馆的电子书服务。2020 年，由于全球新冠肺炎疫情的影响，美国图书馆大规模关闭，人们居家隔离减少外出，让图书馆的数字内容访问量大幅上涨。因此许多出版商

---

[1] Amazon. com Announces Third Quarter Results [EB/OL]. (2020-12-29) [2021-08-11]. https://www. businesswire. com/news/home/20201029006208/en/Amazon. com - Announces - Third - Quarter-Results.

[2] BookExpo and BookCon Are No More [EB/OL]. (2020-12-01) [2021-08-11]. https://www. publishersweekly. com/pw/by - topic/industry - news/bea/article/85023 - bookexpo - bookcon - closed. html.

放宽了图书馆电子书的定价和限制。图书馆将预算资金转移到电子书、数字音频和其他数字媒体上，以服务于社区。纽约公共图书馆拿出大约 15 万 美元的剩余资金，并将它们几乎全部用于电子书和数字音频。到 2020 年夏天，每周图书馆电子书借阅量增加了近 50%。[1] 纽约公共图书馆馆长安东尼·马克思（Anthony Marx）在《纽约时报》5 月 28 日的一篇社论中说，自关闭以来，纽约公共图书馆“Simply E”数字图书馆卡的注册量增加了 864%，所有电子阅读平台的新用户增加了近 200%，纽约公共图书馆教育资源的浏览量增加了 236%。[2] 在电子书借阅呈爆炸式增长的同时，由于新冠肺炎疫情对国家资金的影响，图书馆面临着潜在的预算削减。2020 年 12 月 8 日，美国图书馆协会（ALA）发布了一份新闻稿“敦促美国国会通过一项紧急援助计划，要求在新冠肺炎疫情救济计划中为图书馆提供资金”。[3] 2021 年 4 月，ALA 宣布为受疫情影响的图书馆提供 125 万美元的应急基金，这些资金旨在加强图书馆的运营和服务，包括扩大技术访问、开发馆藏、提供数字指导、人员配备和扩大外展，以及维护和扩大现有服务战略或增加新的服务战略。[4]

（二）创新活动形式，保障阅读需求

从 2020 年 3 月上旬开始，美国各地图书馆纷纷关闭以应对疫情带来的

---

[1] Libraries Are Dealing With New Demand For Books And Services During The Pandemic [EB/OL].（2020-06-16）[2021-08-11]. https：//www. npr. org/2020/06/16/877651001/libraries-are-dealing-with-new-demand-for-books-and-services-during-the-pandemic.

[2] Is the COVID-19 Crisis a Watershed Moment for Library E-books?[EB/OL].（2020-06-05）[2021-08-11]. https：//www. publishersweekly. com/pw/by-topic/industry-news/libraries/article/83496-changes-loom-as-public-libraries-begin-to-reopen. html.

[3] Final push for COVID relief：ALA issues broad call for library advocates. [EB/OL].（2020-12-08）[2021-08-11]. https：//www. ala. org/news/member-news/2020/12/final-push-covid-relief-ala-issues-broad-call-library-advocates.

[4] ALA announces $1. 25M emergency fund for libraries impacted by Covid-19 [EB/OL].（2021-04）[2021-08-11]. https：//www. ala. org/news/press-releases/2021/04/ala-announces-125m-emergency-fund-libraries-impacted-Covid-19.

巨大影响，取消停办了需要读者亲身参与的项目和活动。在经历了数月的不确定性之后，图书馆正在慢慢重新开放并启动各种活动。近年来，该图书馆致力于加强外展，与地区夏令营和组织合作以促进暑期阅读。但由于疫情影响，目前活动已转移到线上，图书馆提供自己的软件，让孩子可以在线使用提供的暑期阅读游戏，完成阅读任务可以获得一本免费书，为期60天。工作人员还制作了活动清单，通过安全的、保持社交距离的活动让孩子们保持运动、学习。每年一度的国家图书节，改为线上举行，汇集了全球读者和100多位作家，对公众免费。活动内容包括探索国家图书节的历史，观看作者与参加者的线上问答讨论，感受杰出作家与他们的作品及图书馆的珍藏等。

四、印刷业产能不足，供应链面临挑战

美国出版商协会公布的销售数据显示，美国传统出版业80%的收入来自纸质书。与电子书不同，纸质书需要一个庞大的纸张、印刷、批发、零售的供应链来支撑。从2018年年底到2019年，美国纸书供应链出现纸张短缺和印刷延误。“印刷厂产能紧张将是可预见的未来的一个新常态。”

（一）纸价上涨

加上受新冠肺炎疫情影响，全球造纸工厂出现一波关停潮，或工厂停止造纸生产线转而生产其他产品。美国林业与纸业协会年初公布的统计数据显示，2020年12月纸与纸板总产量同比增长4%。❶ 由于疫情的影响，电子商务和网上购物销售强劲，食品和家具销售行情火爆。因此推动美国纸板消费量的增长，同期的纸板出口大幅减少，主要制造商的库存量比上

---

❶ American Forest & Paper Association Releases December 2020 Printing-Writing Monthly Report［EB/OL］（2021-01-25）［2021-08-11］. https：//www. afandpa. org/media/statistics.

年同期减少3000吨。此外，疫情对纸产品消费结构带来的变化，如生活用纸的增加、纸板需求的增加、印刷和信息纸需求的减少、塑料制品向纸产品的转换等，也是造成纸产品涨价不可忽视的因素。

（二）行业萎缩

除了纸张短缺，美国的印刷行业也在萎缩。根据美国劳工统计局（US Bureau of Labor Statistics BLS）的数据，由于数字媒体蚕食纸质媒体的市场，2006—2016年，印刷行业的就业人数下降了34%。例如，2010—2018年，广告印刷（包括杂志广告、目录、直邮和报纸插页）从550亿美元跌至190亿美元，跌幅超过65%。[1] 2019年7月15日，美国纸书供应链批发商贝克和泰勒（Baker & Taylor）宣布退出零售书店批发业务，贝克与泰勒说："零售批发市场变得难以经营。"越来越多的零售书店绕开批发商，直接从出版商进货。批发商业务减少，给供应链和运营利润带来了巨大压力。因此更多的独立书店转向亚马逊。亚马逊高效的供应链提高了消费者的期待，也给传统出版业的供应链造成了压力。

五、后疫情时代美国书业发展趋势

（一）推动行业多元化、提高公平性成为公众呼声

边缘化的声音希望被倾听和阅读的愿望越来越强烈。"#ownvoices"是指创作者与其创作作品中的主角来自同一边缘化社区。这一作者群体的出现是出版民主化一个超乎意料且令人惊叹的结果。比如出于一些政治因

---

[1] BISG Annual Meeting Examines Paper and Printing Challenges [EB/OL]. (2019-04-29) [2021-08-11]. https://www.publishersweekly.com/pw/by-topic/industry-news/publisher-news/article/79911-bisg-annual-meeting-examines-paper-and-printing-challenges.html.

素，许多出版社的编辑、书评人、书商等从业人员选择辞职，以抗议出版业在种族问题上所存在的结构性不平等，并成立“出版业人员的正义”（Pub Workers for Justice）组织，希望改变出版行业内种族歧视的现象。该行动促使企鹅兰登书屋和阿歇特图书集团发布了其员工族裔的统计报告，并承诺未来将采取措施促使员工队伍及作者队伍更加多元化。除此之外，许多美国书店也深感种族问题的严重性。许多书店开始围绕反种族主义主题来出版图书，为顾客提供反种族主义的知识和经验。此外，像举行反种族主义诗歌朗诵会、给予黑人作家创意写作基金、让黑人作家来当驻店作家等活动，都成为许多书店招揽顾客、表达立场的选择。[1]

（二）数字战略成为未来行业重点

新冠肺炎疫情期间，各大出版商或独立书店等数字销售几乎都呈现上涨趋势。这可能是2020年度最重要的市场信息之一，预示着后疫情时代数字出版是经济增长点之所在。

越来越多的人青睐有声书，音频出版商协会（APA）在2018年出版商销售数据调查中报告了9.4亿美元的出版商收入，与上年相比，收入增长了24.5%，销量增长了27.3%。这标志着美国市场的数字销售额连续第七年以美元和单位双倍增长。在封锁开始时，通勤时间的收听率最初有所下降，但随着人们在家的时间变长，这种情况迅速反弹，而且收听率实际上已增加到关闭前的水平。随着产量的持续增长和智能手机等无处不在的设备收听量的增加，有声读物领域似乎有望实现更多增长。[2] 皮尤研究中心

---

❶ PW's 2020 Person of the Year: The Book Business Worker [EB/OL]. (2020-12-18) [2021-08-11]. https://www.publishersweekly.com/pw/by-topic/industry-news/publisher-news/article/85158-pw-s-person-of-the-year-the-book-business-worker.html.

❷ BookExpo 2020: Popularity of Audiobooks Continues to Grow [EB/OL]. (2020-03-27) [2021-08-11]. https://www.publishersweekly.com/pw/by-topic/industry-news/bea/article/83386-bookexpo-2020-popularity-of-audiobooks-continues-to-grow.html.

(Pew Research Center) 2019 年的一项调查显示，1/5 的美国人说他们听有声读物（而 65% 的人读纸质书）。咨询公司德勤（Deloitte）认为，未来几年将继续保持 20% 以上的增长。[1]

新冠肺炎疫情加深了出版商和书商对于数字出版的理解。数字不再是附加服务，而是由客户驱动的，是业务核心，出版商要具有数字化思维以确保疫情后的生存和增长。在数字内容消费和强制远程学习的推动下，消费者的在线购买力在疫情期间保持强劲。数字内容的消费增长也迫使出版者进一步探索线上服务模式，准确把握读者需求，增强用户黏性。疫情期间，在线售书和数字内容的迅猛增长，也让业界重新思考产业的未来：纸书与电子书的比例能否继续维持从前的平衡，这一轮数字化浪潮是暂时性的还是长远趋势？总而言之，疫情提升了读者对数字内容的消费需求，数字阅读成为常态，未来出版业要在数字阅读习惯和消费模式上进行深度探索。[2]

（三）图书馆加快数字服务建设，创新服务模式

公共图书馆是至关重要的机构。公共图书馆不仅仅是出版商和作者的重要市场，还是社区的支柱，是民主的关键，也是强大文学文化所需基本要素的关键支持者：识字、教育、平等获取信息、多样性和包容性及信息素养。图书馆一直在增加其数字馆藏的实力，以服务于他们的社区。随着疫情期间图书馆电子书借阅激增（并且对零售销售没有明显的负面影响），数字图书馆市场的轨迹也可能会发生变化。

---

[1] One-in-five Americans now listen to audiobooks [EB/OL]. (2019-09-25) [2021-08-11]. https://www.pewresearch.org/fact-tank/2019/09/25/one-in-five-americans-now-listen-to-audiobooks/.

[2] 任翔．后疫情时代的数字生态共建：2020 年欧美出版产业发展评述及展望［J］．出版广角，2021（02）：27-31.

从一开始，数字图书馆市场就充满了挑战，由于几大主要出版商认为图书馆电子书借阅将会损害图书的销售，因而采取了一系列限制措施来管理图书馆电子书借阅。由于新冠肺炎疫情，图书馆的数字内容访问量得到上涨，或许出版商看到了图书馆电子书借阅对零售并没有产生实际的不利影响，因此疫情期间出版商放宽了对图书馆电子书的限制。图书馆加大了数字投入，将资金用来建设数字图书馆，创新服务形式，提高用户的数字体验。在这个特殊的时期，图书馆希望能保证图书馆作为公众文化交流的场所，为公众和社区提供服务，保证其职能的正常发挥。图书馆目前需要做的就是让人们看到在疫情中图书馆的作用和价值，通过图书馆数字借阅来服务社区。

（四）独立书店大量关闭或形成行业新格局

新冠肺炎疫情已经在一定程度上“重塑”了零售行业格局，图书零售业也不例外。疫情期间，大量独立书店纷纷关闭，得以生存的一些书店提供在线销售、路边取货、送货上门等来维持营业，很多书店通过网上众筹来渡过难关。对于零售商来说，疫情的冲击很可能让小型书店在市场彻底失去位置。与之相反的是，像亚马逊公司这类具有较强的行业优势的大型批发商和零售商，会让行业资源更加集中，无形中不断挤占市场，长久下去或将形成新的市场格局，尤其是业界纷纷重视数字出版战略，运用大数据、云技术，行业差距会越来越明显。对于小型零售商来说，如何渡过眼下的难关，继续在行业生存是当下急需解决的共同问题。[1]

[1] 韦克.“后疫情时代”出版业的七大趋势［N］. 国际出版周报，2020-06-22.

基于技术视角的网络出版监管现状及对策探究

——以英国为主的欧美国家为例

王　贺

摘　要：面对技术不断升级的虚拟旋涡，网络出版作为一种新兴出版形态在发展过程中暴露出不少问题。通过梳理发现以英国为主的欧美国家在网络出版上目前存在平台缺乏责任规范、跨国企业数据垄断等监管难点，本研究重点关注监管方式的演变，从技术发展视角提出以代码为基础，通过制定数字产品使用规则来规范行为的二阶监管模式，以及在后数字时代的算法文化中加强编辑职责的可行性建议对策。

关键词：网络出版；数字技术；二阶监管；编辑职责

网络出版被定义为一种以万维网作为通信渠道，基于国内或全球平台的数字内容进行在线发布和分发，并为未来重复使用提供建立数字数据库设施支持的出版。[1] 换句话说，网络出版意味着创建、生产和交付可能永远不会出现在打印页面上，如有需求则可按需打印。通常意义上的传统出版是图书贸易中更广泛的商业和行业的一部分，包括零售商、分销商、书商、图书装订商和印刷商。在出版业，文学业务作为与出版有关的企业集合体，被定义和一般理解为“将书籍放入公共领域的商业活动”。最初是在16世纪，书商和出版商的功能是相互交织在一起的。[2] 出版商被理解为负责生产和分发书籍、报纸等的个人或组织，提供出售的产品。随着计算机技术和互联网的发展，网络出版业务扩大，不仅包括文学业务，出版的生产和供应链也随之增多，包括作者、出版商、聚合商、技术提供商、数据库、网络分销商和最终用户，这一供应链本身的扩展性质和复杂的组成，足以表明数字技术对书籍本身的性质和特征造成的影响，并对图书出版业产生了深远影响。

在可移动印刷发明的基础上，出版业出现了有史以来最大的技术突破，同时也面临着从内容获取、创作、编辑到发行等所有出版环节技术进步的挑战。随着电子商务的进步，数字技术的出现和发展为出版业提供了重要的机会，为新的价值主张和商业模式提供了广阔的前景。与此同时，数字出版的发布格式展现了一系列特性，包括提供基础内容和针对客户需求而设计的各种文本格式及阅读模式的多种选择，并在服务器上可进行再编辑和信息更新，这些创新都有助于出版企业或平台减少处理时间，并快速、高效地传输内容，从而带来更多的经济利益。

---

[1] AUER S. Creating Knowledge out of Interlinked Data ［J］. In Proceedings of WIMS. 2011 （11）：1-8.

[2] JOHN FEATHER. A History of British publishing ［J］. London：Croom Helm，1988，29 （2）：171.

一、网络出版发展现状

数字技术已经在图书出版行业得到了广泛的应用，尽管图书出版经常因不愿采用新思想和技术而受到批评，但从可移动印刷时代到 Web2.0 时代，图书出版已经在几个世纪的技术变革中成功升级。但是在融合之后，新技术的应用会出现或大或小的阻碍，这往往不是简单的技术问题，而是由于出版相关业务和技术人员之间的应用场景不兼容所造成的，特别是关于该技术在图书出版中如何进行具体应用。[1] 对于出版业来说，基于技术的解决方案尤为重要，而不仅仅是出版内容决定了行业的成功和生存。[2]

与许多经济、政治、文化生活的其他行业一样，传媒出版行业也青睐大数据提供的可能性。[3] 与许多其他行业相比，传媒出版行业在捕捉和利用大数据潜力方面极具优势。正如《福布斯》刊登文章指出的，媒体公司可能比大多数公司有更好的机会。[4] 每听一首歌，每观看一分钟视频，每一个被点击的网页都有助于出版平台得到“观众想要什么”的数据。处于经济困境的媒体行业，如新闻业、出版业会越来越多地关注大数据，希望借助大数据照亮一条恢复盈利的道路。而出版业恰好是和众多行业互联互助的，先进的互联网技术及其应用程序不仅为出版行业提供机会，而且还会借助技术手段避免进入相关的陷阱。[5] 面对技术发展的虚拟旋涡，出版

---

❶ BAKER D J，BRIEN D L. Publishing and the Law：Copyright and Globalisation ［J］. In Publishing and Culture，2019：41-64.

❷ MARK DAVID RYAN，PHOEBE MACROSSAN，Sue Wright & Michael Adams. Blockchain and Publishing：Towards a Publishercentred Distributed Ledger for the Book Publishing Industry ［J］. Creative Industries Journal. 2021（7）：1-20.

❸ 同①

❹ Kelley School of Business Indiana University，U. S. A. Code of Publishing Ethics ［J］. Business Horizons，2021（64）：1-2.

❺ CLAIRE SQUIRES. Taste and/or Big data? Post-digital Editorial Selection ［J］. Critical Quarterly 2017（59）：1-15.

企业必须提高和完善他们的组织和管理技能，并重新评估出版能力及与其他行业利益相关者的关系，尤其是与读者的关系。

（一）网络出版现状

出版企业的产品是数字化，随着电子书的制作和销售，直接进行文本文件创建与打印副本或数字应用程序，这样的数字产品在欧美市场几乎无处不在。英国出版市场的统计数据显示，“五大”贸易出版商——哈切特、哈珀柯林斯、潘麦克米伦、企鹅兰登书屋以及西蒙和舒斯特的电子书销量首次趋于稳定，它们曾在2015年销量总体下降2.4%，2016年也持续下降。这一下降的趋势正如克莱默所言，大家对数字技术没有怀疑，因为出版似乎又重现往日生机。行业贸易杂志《书商》的专题编辑总结道：对于那些预测近十年纸质书籍和数字会主导市场的人，印刷和数字销售数据可能会迫使他们重新评估。《卫报》对电子书销量下降现象进行评论道：终于峰值数字就在眼前。在“数字”歇斯底里的刺激下，传统出版遭受了耀眼技术的严重冲击。[1]

通过电商巨头亚马逊，英国电子书实现了主流化，亚马逊成为在线图书销售的主力。随后，数字平台和社交阅读网站得到开发，非专业读者可通过亚马逊的客户评论、博客、视频网站、谷歌和其他社交媒体进行评论、推广和分享他们的阅读。社交媒体极大地推广了作者和书籍品牌。自出版平台的出现，比如出版公司Kindle，已经将出版业的数字化阶段从工作流程转移到包括生产和销售的各个环节中。[2] 因此，图书出版已经在一个“后数字”的环境中运行，根据弗洛里安·克莱默（Florian Kramer）的

---

[1] Baverstock A and Steinitz J. Who Are the Self-Publishers? [J], Learned Publishing, 2013 (3).

[2] 同①

定义，在其最简单的状态下，它描述了媒体、艺术和设计数字化后的混乱状态，或者至少是通过它们传播的渠道的关键方面的数字化。

2015 年 11 月的数据显示，自出版的电子书占亚马逊销量的 26%，这个数据略低于五大巨头的 31%。自出版平台实现高水平生产，以及科技公司（亚马逊、苹果、谷歌）对传统出版领域的有力干预，展示了一个快速变化的出版生态系统。与此同时，自出版的作品质量受到质疑，没有经历过滤或网关过程，例如 Kindle 的直接出版，平台削减了昂贵和费时的作为中间人的出版商，促进了自出版的发展有更多的民主趋势，即更多的“业余”或“独立”的推翻传统的文学实践的权威作者崛起。[1]对于传统出版商来说，大数据为其传统营销提供了一个潜在的解决方案：即可发现性。对于非传统的进入者，它提供了通常由制作者和业余作者免费制作的填充平台的丰富内容和容易被共享、管理和货币化的机制。

（二）主要问题及挑战

后数字出版时代融合技术进步、数字福音，并在质疑声中对不断变化的商业模式和实践逐步接纳。而出版从业者会感受大数据和算法选择及新的具有创造力的文学市场进入者为出版业带来的可能性和挑战。

1. 平台缺乏责任规范

2019 年 2 月，英国数字、媒体、文化和体育（DCMS）委员会完成了对“虚假信息和假新闻”为期 16 个月的调查，公布了可能是英国政府对

---

[1] BAVERSTOCK A, STEINITZ J. Who Are the Self-Publishers? [J], Learned Publishing, 2013 (3).

美国科技公司最严厉的起诉书。❶ 这份报告是在“元宇宙”运营15周年后的几周发布的，针对其反竞争行为和鲁莽无视用户隐私的行为，报告称该公司是一个“数字歹徒”。该委员会主张社交媒体公司不能隐藏在平台背后，并认为其没有责任规范其网站的内容。

塔尔顿·吉莱斯皮（Tarton Gillespie）主张“平台”的概念框架仅仅承载内容，作为当今崛起的数字巨头，作为强大的推动者不应该承担法律责任。自2016年美国大选以来，越来越多的公众关注企业如何做到“适度”，然而，规范平台公司说起来容易，做起来有许多潜在的挑战，从业务模式的新颖性来看，政府干预会给言论自由带来挑战，而经典的法规只关注合规、执行和有效性，使人担忧规范会扼杀创新。

2. 跨国公司数据垄断

由于众多平台都是“数据垄断”，背后有很多难以看到的黑匣子，这使情况更加复杂，监管机构感到潜在的危害，急于解决某些尚未被实证并正确记录的问题。此外，这些数字平台往往是大型国际企业，管理着许多司法管辖区用户的内容，跨国公司进行监管更显艰难。第二次世界大战后的国际秩序的特点是国际组织、机构和贸易日益相互依赖，使企业能够在全球扩张，这在20世纪90年代成为全球化最明显的标志。

随着企业的活动与重要的全球问题交织在一起，如何才能让其遵守专门制定的标准，如何在不同司法管辖区监管企业行为，如何从事更负责任的商业行为，传统的答案是“命令和控制”法规，即政府试图让公司在法律和经济处罚的威胁下遵守规定。然而监管并不容易，因为行业大力游说

❶ European Commission. Code of Practice against disinformation: Commission calls on signatories to intensify their efforts [EB/OL]. [2021-01-07]. 2019. http://europa.eu/rapid/press-release_IP-19-746_en.htm.

保护其利益，即使规则生效，对设在不同管辖区的企业进行合规监管并不容易。以国家为基础的全球治理体系已经花了一代人的时间来努力适应跨国公司不断扩大的影响力和不断增长的影响力❶。当前的权宜之计是越来越多的私人组织通过自愿标准和跨国规则来管理企业行为。

这一趋势的最早实例涉及的行为准则，通常在大型国际组织的保护伞下发起，如世界卫生组织，在多年的消费者抵制和国际维权活动后，1984年雀巢同意遵守行为准则。自那时起，非政府组织和行业组织不断发展，试图围绕可持续性制定标准来维护劳工权利，如公平劳工协会、工人权利联盟和许多其他领域的组织。跨国监管计划可以采取多种形式，有些是孤立的行业协会制定自律法规，而另一些则是更广泛的倡议，汇集许多不同的行动者，通常包括民间社会组织或政府。后一种制度安排通常被称为"多利益相关者治理"，即为两个或多个参与者参与一个共同治理企业的公共问题，其特征是由程序规则构成的多国政府权力关系。❷ 换句话说，它涉及至少来自四个群体中的两个参与者的治理——州、非政府组织，包括社会、研究人员和其他政党、公司和像联合国这样的国际组织——决策权力以多政府或多中心安排分布，其中一个行动者不单方面做出决策。这些新监管安排的新颖之处是私人参与者的核心角色，单独并通过新的合作运作，以及相应国家的适度和主要的间接角色，这些安排大多是由公司和行业集团管理的，他们自己的做法或供应商公司的做法就是监管的目标。

（三）监管现状

从元宇宙平台上被要求内容适度，呼吁消除恐怖主义和暴力极端主义

---

❶ ROBERT GORWA. The Platform Governance Triangle：Conceptualising the Informal Regulation of Onlinecontent ［J］. Internet Policy Review，2019（6）.

❷ 同①

后，越来越多的自愿和非约束力的非正式治理计划被提出，以作为控制脸书、谷歌和其他互联网平台公司托管用户生成的内容。因此，为了让网络出版走向全球化，各个国家都需要一套复杂且不同程度重叠的监管举措。现如今的监管格局不仅包括传统的监管形式，还包括一系列自愿安排、公私伙伴关系、行业具体措施等形式。在跨国企业的问题上，行业被允许自我认证，美国公司承认遵守在监督体制下制定的欧盟数据保护立法，并载入在欧盟和美国安全港等隐私协议中。[1] 自愿行为准则成为全球隐私制度的关键组成部分。

目前欧洲和北美的主要平台公司的治理格局与其他行业一样，跨国监管标准的制定安排有所增加。根据电子商务指令，在线中介机构包括社交网络和大型平台公司需要有版权侵权等通知和删除系统，并对个别内容承担有限的法律责任。[2] 欧洲的网络监管由 20 世纪 90 年代的自我监管，至 21 世纪初的以国家利益为先的重新监管，走向了多方共同监管。

二、监管方式

随着关于有害或非法内容的争论重新成为一个主要的国际监管问题，这些倡议正变得越来越普遍，当前的平台治理现状也被理解为一套法律、政治和经济关系，构建用户、技术公司、政府和平台生态系统中其他关键利益攸关方之间的互动，[3] 欧洲的非正式内容监管格局，正在迅速从行业自我监管模式转向加强政府干预的手段。随着德国和澳大利亚等国家通过在线内容管理的法律，更多使用者关注言论自由和数字技术使用的权利，

---

[1] ABBOTT K W，SNIDAL D. The Governance Triangle：Regulatory StandardsInstitutions and the Shadow of the State［J］. The Politics of GlobalRegulation，2006：44-88.

[2] BÜTHE T，MATTLI W. The New Global Rulers：The Privatization of Regulation in the World Economy［M］. Princeton University Press，2011：23-40.

[3] 同①

倡议者提出了各种自愿承诺原则和安排机构监督作为更好的管理方式。

（一）政府监管

政府监管对各行各业来说都至关重要，个人需要国家政府的许可才能使用特定的交流渠道，违背许可将被审查、强迫或惩罚，甚至仅是失去许可的可能性就会导致自我审查。与此同时，这种许可是一种容易被滥用的权力，为腐败创造了机会。正如莫里斯·恩斯特（Morris Ernst）在1926年所说的，“只要政府能够决定哪些人应该拥有喉部，就不需要额外的权力来决定应该说什么”。许可证授权机构以及许可通信的权利来自哪里不言而喻。宪法往往赋予这种权利，但它们往往只是国家发展阶段所赋予的权力合法化。第一部新闻许可法是基于规范公会和贸易的现有措施，但国王仍能随意屏蔽某些内容。1476年，威廉·卡克斯顿（Wiliam Caxton）在英国引进了印刷机。被批准出版后，来自复印机印制的副本的权利构成版权。这使得在印刷或发行任何图书之前，必须获得枢密院或国王的“星室”许可证，而在英国使用许可证来授予权利和限制内容并不限于出版。

传统形式的“硬”监管会在没有其他利益相关者直接合作的情况下制定规则和标准，像欧盟电子商务指令等法律已经建立了重要的中介责任的基线规定，以及更新的法律框架，如德国的网络执行法（NetzDG）、欧盟视听媒体服务指令（AVMSD）或被讨论广泛的欧盟版权指令，在国家或地区层面调整了责任规定。根据网络执行法，如果在德国拥有超过200万用户的社交网络不根据德国法律迅速删除非法内容，就会被发现并承担责任。基于国家的内容监管进行非正式治理安排——要么作为填补某些空白的补充，要么作为被认为具有过度侵入性或对人权有害性的提案的替代品。

（二）非政府组织监督

非政府组织是一个广泛的群体，包括民间社会团体、国际非政府组织、学术研究人员、维权投资者和个人，以及国家包括个别政府和超国家政府团体，如欧盟、联合国等。非政府组织通过对数字平台实践的倡导、研究和调查，发挥了重要的企业问责和监督职能。

在过去的几年中，非政府组织还提出了一些原则，通过为企业和政府提供政策资源，来刺激公众讨论并影响治理格局。其中包括“将人权应用于通信监测的国际原则”，得到400多个民间社会组织的支持。2014—2015年间，全球数字权利组织制定了“关于中介责任的马尼拉原则”，明确了中介机构、互联网服务提供商（ISPs）、社交网络和托管平台不应对第三方内容承担法律责任，内容限制要求应透明，尊重正当程序。2018年，民间社会团体和研究人员再次提出了内容审核原则（SCPs），其不同之处在于它是为企业而不是为政府提供建议，就企业如何满足上诉、用户注意和其审核过程的透明化提出了具体建议，这些原则几乎都是社会的努力方向，没有企业或政府的参与。

与传统的国家指导和控制立法相比，团体协会的作用代表着更多的非正式的监督和指导作用。欧盟部署创建了一个共同战略工作组，结合来自学术界、工业界和民间社会的不同声音。2018年1月，39名选定的专家作为假新闻和假信息高级专家组会面，迅速围绕一份报告提出建议，通知创建“在线假信息实践守则”，并于2018年9月由元宇宙、谷歌、推特、Mozilla和三个行业协会签署。实施中的责任很大程度上是由公司承担的，签署国承诺以非约束力的方式改善其政治广告的公开披露，积极打击虚假账户，并研究虚假信息的数据访问机制。

（三）自愿行为守则

欧盟将共同监管、自我监管和软法律解决方案应用于涉及企业的政策方面有着悠久的历史。互联网和新兴科技部门也不例外，自愿行为准则和协商达成的自我监管协议已被应用于一系列目标，如可持续性、儿童安全和数据保护。

2008 年，“社交网络工作组”与监管机构、学术专家、儿童安全组织及 17 个社交网络召开了多利益相关者会议。多个跨行业的参与者为创建更安全的社交网络原则政策的制定而努力，力求通过更直观的隐私设置、安全信息和其他干预设计减少与儿童社交网络相关的风险。从 2012 年开始，联盟致力于使互联网成为更好的场所，由苹果、元宇宙、谷歌、微软、欧盟电信、硬件制造商和其他公司如利文斯通、奥拉夫森、奥尼尔和多诺索共同签署了五项原则，即简洁使用性、强效的反馈处理、适合年龄的隐私设置、更广泛的内容分类和可用性。

2010 年，荷兰、英国、德国、比利时和西班牙赞助了欧盟委员会一个名为“清洁 IT”项目，该项目将制定一般原则和最佳做法，通过自下而上的过程打击恐怖主义内容和其他非法使用互联网情况。2014 年，欧盟委员会宣布成立了“欧盟互联网论坛”，该论坛将欧盟各国政府与元宇宙、谷歌、微软、推特聚集在一起，讨论平台公司应该如何最好地打击非法仇恨言论和恐怖主义内容。经过近两年的讨论，两家公司同意“非法在线仇恨言论行为守则”。还鼓励企业在实践方面进行合作，例如通过全球互联网反恐论坛为反恐怖主义创建散列数据库。

（四）全球网络倡议

全球网络倡议（GNI）是一个多利益相关者的标准设置和问责机构。

2006 年，这些公司的代表在波士顿会面，活动由哈佛大学伯克曼中心和社会责任商业中心共同推动，这是一个非营利组织，在 20 世纪 90 年代成为企业社会责任运动的重要参与者，包括民间社会组织、学者和来自公司的代表。[1] 它于 2008 年启动，旨在帮助科技公司更好地处理政府对内容删除或用户数据的请求。2008 年，GNI 正式上市，雅虎、谷歌和微软作为其创始行业成员。2013 年，Facebook 加入。2017 年，该组织继续扩大，又招收 7 家电信供应商，包括沃达丰、奥兰治和诺基亚。美国立法者正在考虑“全球在线自由法案”，该法案被引入国会后将迫使美国公司遵守美国法律和言论自由规范，而不是由地方司法管辖。

三、监管对策

监管部门和平台可以借助技术手段来帮助用户建立新监管模式。从技术角度出发，可以用代码为基础通过制定数字产品使用规则来规范用户和平台行为，将有害的信息和内容从源头中过滤；此外，仍需重视数字时代网络编辑的作用，确定编辑在数字出版时代“算法文化”中所处的位置，采取有效的把关方式，利于促进整个行业的发展。

（一）技术推动二阶监管

网络技术的应用是一把双刃剑，对于网络出版监管是一种挑战，同时也是一个好帮手。技术的更迭带来了新的出版形式，而开发适宜的技术也能对出版内容进行有效的控制和监管。内容控制即内容管理技术，通过该技术，出版商能够更好地组织一段内容的生产，还包括发布后对该内容的维护、操作和重新利用。此外，编辑工作流程的自动化，支持动态内容发

[1] BÜTHE T，MATTLI W. The New Global Rulers：The Privatization of Regulation in the World Economy［M］. Princeton University Press，2011：23-40.

布以及机器生成内容，正如推动并刺激采用新的数据管理技术的数据新闻，这些技术支持数字内容的创建和筛选，可以对内容进行过滤和选择。

除内容选择外，技术代码还可以起到规范用户和平台行为的作用。网络技术与物理空间的转变被描述为按物治理，由于其自身执行特性和技术的不完善，按物治理也需要一个二阶监管。❶ 针对影响网络出版行为规范因素的研究，表明至少有四个重要的可限制的治理因素，即社会规范、法律、合同和代码。社会规范、法律和合同告诉人们应该做什么，如果违反规则他们将受到社会制裁，根据法律或通过合同处罚，这也是常见的监管手段。代码本质上描述了硬件和软件塑造的环境，其工作方式不同，它通过定义交互的选项和限制来设置虚拟空间中的行为框架。❷ 除了社会规范、法律和合同等因素，代码是通过制定数字产品使用规则来规范人类行为的因素之一。然而，与法律和社会规范不同，代码是自我执行的，它定义了用户行为的环境，而不是通过规定应该做什么和定义对不当行为的法律制裁来明确设置规则。守则意味着限制，在某些方面推动用户的行为，因此也具备如上所述的规范用户和平台的功能。

借助代码来进行二阶监管是可行的，进而可对网络出版的各个环节和行为进行规范和约束。然而每项技术都是人类工作的产品，绝对正确的技术永远不会被发明出来。❸ 每一种新技术都涉及新的滥用可能性，技术的不完善对监管也有很大的影响，智能化产品将不断取代人类的决策过程和行为。此外，仍需要制定法律来规范“软件 bug”，以及防止滥用技术的安全机制。

---

❶ European Commission. Code of Practice against disinformation：Commission calls on signatories to intensify their efforts［EB/OL］.［2021－01－07］. 2019. http：//europa. eu/rapid/press-release_IP-19-746_en. htm.

❷ 同①

❸ Gorwa R. What is Platform Governance?［J］. Information，Communication & Society，2019（6）：854–871.

（二）强化网络出版编辑职责

除了以技术手段来加强监管，网络出版不能缺少编辑的把关。把关理论是传播学的经典理论，“把关人”可以有效地筛选过滤掉对受众有害的信息，并且规范用户行为。而为了解决后数字时代的编辑选择和把关问题，有一点尤为关键，即确定编辑在数字出版时代“算法文化”中所处的位置。[1]

编辑在数字出版环节中甚为重要。通过一些从业者、学术账户和对英国编辑委托采访进行有关编辑决策的调研中发现，如何选择书籍来出版，编辑仍然是最神秘的人，事实上业内从来没有正确的选择过程。调查显示，部分公众强调个人、专业的阅读行为和阅读文化，并抵抗大众市场和数据驱动的实践，坚持传统选择模式，拒绝基于技术信息的看似“理性、自动化的决策”的反应模式。如何处理数字技术支持的过剩世界和过度背景是迈克尔·巴斯卡尔（Michael Bascal）的持续度的主题。巴斯卡尔将编辑的角色比作更广泛的“策展人”，他认为，评论家、编辑、销售人员等都是策展人，都被视为服从于创作者。这些角色越来越重要，但他们被认为等级低于创造者，我们大多数人可能都觉得这是对的。

网络出版编辑不应该被冰冷的技术取代，因为编辑是专家选择者，研究或实践多年才建立一套知识体系，他们的管理是基于数千万小时的学习和沉浸所磨炼出来的判断本能和良好的品位。因此，丰富的经验、专业知识和大众常识可以作为网络出版编辑选择的核心。自出版的兴起，使作者能够回避传统出版商的把关筛选的过程，但是也为编辑创造了一个潜在的“数字泥浆堆”。面对海量的信息，自出版时代下的编辑需要更强大的信息

---

[1] CLAIRE SQUIRES. Taste and/or Big data? Post-digital Editorial Selection［J］. Critical Quarterly 2017（59）：1–15.

处理能力和审美能力，编辑职责的进一步强化是整个行业向好的方向发展的基石。

四、小　结

先进的数字技术为网络出版的发展提供了光明的前景，但是也无形地加大了监管的难度。从自我监管到政府、协会组织、平台协议和社会各界形成规范，监管方式一直在更迭。互联网出现不利于儿童、青少年成长和暴力恐怖的内容与日俱增，监管部门和平台可以借助技术手段来帮助使用者建立新的监管模式，以代码为基础通过制定数字产品使用规则来规范用户和平台行为，将有害的信息和内容从源头中过滤。此外，重视数字时代网络编辑的作用，选择具有丰富经验、专业知识和大众常识的从业者，强化网络出版编辑的职责是行之有效的对策。

未来网络出版的发展态势将更加迅猛，对于同样处在数字化转型浪潮当中的中国出版业，以英国为主的欧美国家的网络出版监管的技术手段和方式给了我们很好的启示，提升技术手段来规范平台管理，加速人才队伍建设，改善网络出版监管水平，将有效地增强网络出版品的质量，更利于国内网络出版大环境的向好发展。

新冠肺炎疫情下美国期刊业的应对策略研究

翟　欢

摘　要：随着新冠肺炎疫情在全球不断蔓延，各国的政治、经济、文化等均受到了一定程度的影响，期刊业也受到了巨大的冲击，员工不能正常上班、印刷厂不能正常生产、物流配送不能正常输送、零售店不能正常销售……全球期刊业的销售额大幅下降，还有一些期刊企业濒临破产或已经破产，一场期刊业的生存危机已经爆发。在新冠肺炎疫情的影响下，期刊业如何能从这场危机中生存下来，是摆在整个期刊业面前的首要问题和关键问题。作为世界上期刊业最发达的国家，美国期刊的动向是全球期刊业关注的焦点，为了能够给予国内期刊业一定的借鉴和参考，帮助国内期刊业平稳度过这场危机，本文将集中对美国期刊业在新冠肺炎疫情影响下的应对策略进行全面的分析和总结。

关键词：新冠肺炎疫情；美国期刊业；影响；应对策略

2020 年年初以来，新冠肺炎病毒在世界范围内暴发，病毒严重威胁人类健康及全球公共卫生安全。此次疫情，传播速度快，感染人数多，波及面积广，产生影响大，被 WTO 定义为“非常重大的公共卫生事件”。[1] 在防疫新形势下，期刊业囿于自身的局限性，以及环境的复杂性，出现了发展受困的局面。学者针对各行各业进行了多个维度的研究，但是期刊业所面临的处境仍不容乐观。[2] 单就本文的研究重点（即文化领域的期刊业）就包含了从不同期刊类型、角度出发的研究，比如刘美爽、陈文静、霍若冰等人从稿源影响角度出发探讨新冠肺炎疫情对科技期刊稿源影响；张敏、宋咏堂从数字化转型角度探讨新冠疫情背景下医学科技期刊数字化转型发展的路径；颜莹选择学术期刊为研究对象，撰写了《疫情背景下学术期刊的突围与思考》。而本文的研究对象则选择了国内关注度较低的美国期刊业。美国是现代期刊的发源地，也是当今世界期刊市场最成熟的国家。[3] 美国期刊自创刊以来就把握住了时代的发展脉搏。美国期刊的出版和美国建国史是同步的，甚至更为悠久。美国期刊业对时代和社会问题的关注是一个延续至今的传统，迄今仍在全世界发挥着重要影响力。[4] 2020 年的新冠肺炎疫情作为世界范围的特大流行病，对世界的影响都是巨大的，毫无疑问期刊业也是其中的“受害者”，而美国期刊业作为世界期刊业的领头羊，它的一举一动都受到了全球期刊界的关注。新冠肺炎疫情对美国期刊业有哪些影响？美国期刊业面对这些挑战又采取了哪些应对策略？就理论意义而言，笔者观察到国内学界对于疫情影响下美国期刊业的应对措施关注较少，而单纯从国内期刊业出发研究的文章较多。笔者希望

---

❶ 张敏，宋咏堂．新冠疫情背景下医学科技期刊数字化转型发展的路径选择［J］．湖北科技学院学报，2020，40（6）：103-107.

❷ 王伟利，白庆侠．传统学术期刊数字化转型模式探讨［J］．上海船舶运输科学研究所学报，2019，42（3）：91-94.

❸ 吴锋，田田．坚守与拓新：美国期刊业最新变革与发展趋向——基于“期刊媒介 360”方案的解读与评析［J］．出版发行研究，2015（10）：95-99.

❹ 江锦年．美国期刊的发展对超验主义运动的影响——兼谈对中国期刊业的启示［J］．湖北第二师范学院学报，2015，32（3）：126-128.

填补这方面的空白，为国内的美国期刊业的研究贡献力量。就现实意义而言，笔者旨在通过分析和总结新冠肺炎疫情下美国期刊业的应对策略为国内期刊业提供借鉴和参考。研究策略先要研究影响，新冠肺炎疫情对美国期刊业到底有哪些影响？下文将详细展开。

一、新冠肺炎疫情对美国期刊业的影响

2020 年注定是令世人难忘的一年，这一年新冠肺炎疫情暴发并在世界疯狂蔓延，各行各业都受到了巨大冲击，期刊业也不例外。美国拥有世界上最发达的期刊业，如《时代》周刊《商业周刊》《国家地理》《科学》等都在世界上享有的声誉。❶ 面对疫情的冲击，美国期刊业首当其冲。新冠肺炎疫情对期刊业的影响是策略研究的前提也是关键一步，只有了解了哪里受到了冲击、哪里面临了困难，才能针对问题找到方法，以帮助期刊业从水深火热的疫情中被拯救出来。因此，此部分笔者以新冠肺炎疫情对美国期刊业的影响为研究对象，以帮助期刊业找到面对的困难和问题，为后文的策略研究做出铺垫。

（一）新冠肺炎疫情对美国期刊业工作模式的影响

突如其来的新冠肺炎疫情对全球各行各业的生产、居民的日常生活都造成了极大的影响。近几年，期刊业一直深陷严冬泥淖，这次疫情又令其雪上加霜。❷ 由于疫情的流行，居家隔离严重影响着人们的生产和生活，也影响到期刊的出版，越来越多的人被迫待在家中，不能正常到办公室工

---

❶ 王健．美国期刊业对我国期刊的启示［J］．湘潭工学院学报（社会科学版），2003（3）：77-80.

❷ 王颖．全力打造私域流量，助力科技期刊迎战后疫情时代［J］．科技传播，2020，12（17）：17-18.

作，工作地点由办公室变为了家庭，工作方式也变为了线上办公。[1] 比如美国的 Questex 公司已给予其所有驻纽约的员工远程工作的选择，并在全公司范围内开展“在家工作日”活动，以确保其系统正常运行，并且保证不会中断。视频通话是美国期刊业远程办公最常使用的方式。此外，对于期刊业这一特殊的行业而言，需要员工进行组稿、约稿等工作，那么足不出户如何能够得到稿源呢？美国《Folio》杂志通过在网页提供联系方式的方法，进行线上投稿活动，即作者通过联系方式进行邮箱投稿，而当稿件被收到后，会有专门的编辑进行联系协商。可以说，疫情最直接的冲击和影响便是对线下活动的冲击，这迫使美国期刊企业改变了原本的线下工作模式，转而到线上进行工作。

（二）新冠肺炎疫情对美国期刊业出版模式的影响

新冠肺炎疫情的侵袭除了使得美国期刊业工作模式受到影响、发生改变，出版模式同样也受到了影响。疫情迫使人们不得不被限制在家中，不能正常出门，即使出门，也是短暂购买生活用品，随之带来的便是网络期刊的点击阅读流量发生惊人的增长。因为人们无法正常去购买期刊，而且对纸质期刊的安全性产生了怀疑，于是便通过网络期刊来进行阅读和获取信息。数据分析公司 Parse. ly 表示搜索引擎在其 2500 多个网站的推荐流量中所占比例高于过去 12 个月中的任何时候，其中与新冠肺炎病毒相关的报道占这些网站总流量的 13% ~15%。另一个数据分析公司 Chartbeat 提供的数据表明，新冠肺炎疫情的有关文章和内容在其出版商网站、网页上占据主导地位，无论是访问量还是参与时间，都创下惊人纪录。数字出版平台 BlueToad 发布了一项对 250 多名成年人的在线调查，该平台表示调查说明

[1] 刘美爽，陈文静，霍若冰．新冠肺炎疫情对科技期刊稿源影响分析［J］．传媒，2020（23）：23-24 +26.

消费者因对新冠肺炎疫情的担忧而改变了传统的杂志阅读习惯，其中包括一个惊人的数据，即70%的消费者表示他们担心处理邮件发送的印刷期刊或报纸的安全性。此外，54%的受访者表示，他们更有可能因这场疫情而消费数字内容。37%的受访者表示，他们更有可能取消期刊或报纸等纸质读物的订阅。这项调查的结果显示，新冠肺炎病毒的传播让消费者在处理邮件和其他递送给他们的物品时感到紧张。尽管印刷物非常重要，但出版商必须承认这样一个事实，即消费者可能比以往任何时候都更加依赖被认为更安全的数字化方式来消费内容。由于疫情的不断流行，美国印刷厂的大面积停工，以及人们对纸质读物物流安全性的担忧，改变了人们的期刊消费及阅读习惯，加剧了人们对消费数字内容的决心，因此很多期刊企业都建立了自己的独立期刊网站或加入一些期刊数据库，通过线上发布期刊内容，让读者去点击阅读，甚至一些期刊已经取消纸刊出版，完全采用网络出版模式，比如《花花公子》（*Playboy*）。随着科技的发展和网络的进步，以及电脑、手机和各种阅读器的流行，因其便利性较强的优势，线上阅读已经成为美国读者的主要阅读方式。特别是在发生重大公共卫生事件时，因其安全性高的特点，线上阅读模式已经成为美国读者的首选阅读方式。而对于那些侧重依赖纸刊出版模式的期刊企业而言，新冠肺炎疫情对他们的影响更是巨大的，出版印刷的工厂被迫停止工作，严重影响了纸质刊物的出版时效，所以对那些侧重依赖纸刊出版模式的期刊企业而言，必须快速调整为数字出版模式，通过网络及时发布期刊内容。

二、新冠肺炎疫情下美国期刊业的应对策略

美国专业性的期刊研究杂志 *Folio* 创办于 1972 年。该杂志汇集了业内一大批各领域专家学者，面向期刊的多个领域，如出版、编辑、广告、营销、生产及专业研究等，内容涉及期刊业的运行状况、新动态、形势分

析、市场调查，以及新技术的运用对期刊传播的影响等各个方面，力求为期刊业提供各方面最新情况。如杂志周一版面邀请一些期刊业知名董事会管理者和编辑畅谈期刊业的现状和未来，以及进行一些生动自由的讨论。每年*Folio*杂志要把一年中美国乃至世界范围内期刊业有影响的事件、有价值的学术理论作一个回顾和总结，以便总揽，形成积淀，对期刊业的发展从理论上提供各个方面的指导，促使期刊业沿着健康的方向发展。[1] 可以说，*Folio*杂志是美国期刊业动态的晴雨表，在这里我们可以获取有关美国期刊业的最新动态和消息。

通过对*Folio*杂志官方网站的阅览，笔者发现该网站为新冠肺炎疫情专门设立了一个特刊。这个特刊内容主要涉及报道行业内受到新冠肺炎疫情影响的生存现状、行业内各大期刊公司在防疫形势下应对的情况。此部分笔者将根据*Folio*杂志自2020年3月起至今的共计50篇新冠肺炎疫情专栏的文章，对美国期刊业在防疫形势下的应对策略进行分析研究。

（一）调整工作方式，保证公司正常运行

由于疫情的原因，为了避免病毒的扩散和传染，美国的许多出版公司都选择了线上工作的模式来保持其公司的运行。线上办公的好处首先是能确保员工的健康，其次让企业在危机中继续运营。视频会议是远程办公最常用的方法之一，用视频通话来保持这样的视频接触，不仅是为了提高工作效率，更是为了在困难时期保持一种正常社交和友情的维持。除了员工，美国期刊界的学术会议也采用视频会议的方式进行，不仅确保了与会人员的健康，也能保证学术交流不被延误。

[1] 王积龙．美国期刊研究专业杂志——Folio［J］．出版发行研究，2003（12）：79.

（二）为自由撰稿人提供帮助

期刊行业受到疫情影响的除了出版商，还有一些编撰稿件的自由撰稿人。他们是期刊业内重要的组成部分，他们为各大杂志、期刊、其他出版物等提供最新的报道和最优质的稿件。为了帮助支持这个群体，*Folio* 杂志收集了一份为自由撰稿人提供赠款和其他免费资源的目录，包括赠款和财政援助、工作机会等。一方面，减缓了期刊业内失业率的上升；另一方面也保证了期刊业内资源和稿源的可持续性，确保了期刊业发展的稳定性。

（三）加快实施数字优先出版计划

传统印刷出版转向数字化出版一直是世界出版界的一个大趋势，由于疫情的催化，致使许多美国出版商加快了迈向数字出版的步伐。由于疫情的不断流行，美国印刷厂的大面积停工，以及人们对实体杂志物流安全性的担忧，改变了人们的杂志消费及阅读习惯，加剧了人们对消费数字内容的决心，许多以传统印刷出版为主要业务的出版商也看到了这些变化趋势，纷纷决定迈向数字化出版。《花花公子》杂志的首席执行官表示，“我们的杂志已经停止了印刷版的常规制作，开始实施‘数字优先出版计划’。新冠肺炎的流行导致杂志生产和供应链中断，这加速了杂志的数字化未来”。

（四）与电子商务结合，弥补线下销售损失

疫情期间网络流量的激增并没有转化为出版商相应的收入增长，其中绝大多数出版商预期由于营销人员被迫取消、调整或推迟活动，数字广告出现严重下滑。美国 *Lifestyle* 看到电子商务交易推动的收入大幅增长，其中最常见的是通过使用嵌入产品推荐摘要中的附属链接，这些链接已经为人们所熟知的“商业内容”。通过在文章中加入商务链接的方式与电子商

务相结合，顺应了当下的环境，契合了受众的需求，促进了产品的售出，也提高了出版商的收入。

（五）结合读者关切，适时调整期刊内容

除了工作方式、出版模式，美国期刊业在应对疫情时，对期刊的内容也进行了一定程度的改变和调整。在美国各个城市中，公共生活的中断正在给许多期刊带来灾难性的损失，许多期刊因此财务状况不稳定，同时美国的城市和地区杂志也受到了严重的影响。为此，许多美国期刊都根据受众的关切调整了版面内容，比如时下最热门的新冠肺炎疫情报道。《波士顿杂志》表示，“杂志团队提高读者生活质量和帮助他们做出明智决定的使命没有改变，但现在执行这一使命意味着专注于这段动荡时期，让读者了解最新情况”。《华盛顿报》表示，“所有的编辑都倾向于自己的兴趣和专业知识，每个人都直接投入他们的工作中。但是我们应该试着更深入地了解这个故事，找到能引人发省的东西，同时也能展示幕后发生的事情”。此外，《波特兰月刊》认为，“应该努力保持对读者反馈的敏捷和响应，人们非常关注清楚、简洁的信息，这些信息包括关于流行病发展过程中正在发生什么及应该做什么。读者想知道什么餐馆在做外卖，封闭的企业发生了什么，被解雇的人有什么可用的资源”。

（六）寻找合作，共同度过难关

与大多数通常更依赖于订阅和广告收入而非单本销售的大众市场的杂志出版商不同，由于临时取消订单导致的报摊和书店的关闭剥夺了许多独立的小众杂志出版商的重要分销渠道。小众出版商的个人市场本来就是非常有限的，面临渠道的缩小和经济的拮据，他们更难在疫情中生存下来。对此 Executive Media Global 与其他的小众出版商联合起来推出杂志精选包，减少在流通渠道上产生的烦恼而且为读者提供多样的阅读选择，利用各自的宣传渠道进行宣传，起到了很好的效果。面临灾难或者困难的时候，首先行业内要团结合作。

跨行业的合作也必不可少。跨行业的合作可以为杂志公司的发展提供多样的选择。地方性杂志应该积极与当地社区进行合作。总部位于圣路易斯的《食品和娱乐杂志》(*Sauce*) 尽最大努力与社区保持联系。在这场危机中受到的打击尤其严重的餐馆是其报道的重点。对此，*Sauce* 已经重新命名和重建了餐馆指南，告诉食客在哪里可以买到很棒的外卖和送货服务。他们也在使用自己的社交渠道，包括专用 Facebook 群，来支持餐饮业并保持其与社区之间的互动。在这场危机中，美国地区杂志《圣安东尼奥》杂志和他们的当地合作伙伴受到了严重的打击，但这并没有让《圣安东尼奥》杂志通过当地餐馆停止接触社区。这本杂志剩余的刊物，通常会免费分发给酒店和度假村，让 8 家当地餐馆提供给外卖食客们，并邀请更多的机构与他们联系互助。这样不仅宣传了杂志也带动了餐饮等其他行业，增加了社区内的互动。

（七）期刊业应承担社会责任

新冠肺炎疫情属于突发公共卫生事件，突发公共卫生事件是指突然发生，造成或者可能造成社会公众健康严重损害的重大传染病疫情、群体性不明原因疾病、重大食物和职业中毒以及其他严重影响公众健康的事件。[1] 突发公共卫生事件具有突发性、公共性、严重性、紧迫性及延续性等特点。[2] 在面临这种突发性的特大事件时，期刊作为人类间交流、传播信息

---

[1] 突发公共卫生事件应急条例［EB/OL］.（2020-12-26）［2021-09-19］. http：//www.gor. cn/zhengce/2020-12/26/cantent_5574586. htm.

[2] 王陇德. 突发公共卫生事件应急管理:理论与实践［M］. 北京：人民卫生出版社，2008.

的平台及展示最新医学、科学、新闻、学术等领域消息的载体，所肩负的社会责任不容忽视。期刊业必须坚持把社会效益放在首要位置，并进行快速准确的内容刊登。*TIME* 首席执行官兼主编爱德华表示，“在特殊时期的报道内容，应该向以下几个部分调整。首先要报道以公共事业为中心的健康新闻。关于这种病毒的本质，我们能告诉我们的读者和广大受众什么？它将如何发展？专家能告诉我们什么？作为一个社会的一分子，我们能做些什么？其次要想一想我们如何帮助我们的读者适应疫情，以及疫情现在影响他们的方式，不光包括健康问题，还包括生活问题，如帮助父母在家教育他们的孩子，建议他们该看些什么，如何与配偶相处等。在我们适应新常态的同时，为我们生活中的其他事情提供指导。最后要报道令人惊叹的一线救援人员的真实情况。当然，其中也包括冒着自身健康风险、与家人隔离的医务工作者。这些故事会起到鼓舞人心的作用”。免费向公众提供新冠肺炎疫情的相关内容。随着全球越来越多的人发现自己被限制在家中，新冠肺炎疫情相关的报道正在推动出版商的网络流量大幅增加。就访问量和参与时长而言，新冠肺炎疫情的报道在出版商网站中占据主导地位，不仅包括新闻媒体，也包括科技和娱乐网站。随着公众对如今已成为全球性疫情内容的兴趣激增，过去一年或更长时间转向付费订阅模式的众多出版商做出了艰难的决定，即提供免费访问部分或所有与新冠肺炎疫情相关的内容，即使这有可能严重损害他们自己的业务。其中不仅包括《纽约时报》《华盛顿邮报》和《华尔街日报》，还包括《大西洋月刊》《彭博社》《纽约客》等多家杂志。美国多家杂志出版社在决定免费提供新冠肺炎疫情的相关内容后，虽然得到了一定公众的支持但却使自己陷入了经济危机之中。是否应该建立收费墙，在美国出版界一直都是热议的话题。《洛杉矶时报》因将部分新冠肺炎疫情的相关报道置于收费墙内而饱受网络批评。

（八）维持与你的合作伙伴建立的关系

在疫情中，即使行业内许多的企业感到非常的困难，但仍要去努力维持好与合作伙伴的关系。*Folio* 杂志在面对疫情时表示，“印刷出版和数字出版都是一个相互依赖的行业，需要依靠许多服务供应商才能高效运作。我们的集体生存能力不仅取决于我们自己的能力，也取决于我们的合作伙伴的生存状况。同样，我们也依赖分销渠道，从邮政服务到电信行业到互联网供应商以及零售商。它们为我们的读者、订户、成员提供了访问我们内容的途径。因此，这些业务的任何中断也会对我们自己造成连锁反应”。疫情当下，行业内要积极寻求生存并维持与合作伙伴建立的关系。当一切恢复正常后，这些关系纽带的强度将对于企业发展至关重要。

（九）培养及维持读者的长期关注习惯

新冠肺炎疫情的暴发，虽然打了期刊界一个措手不及，但同时也为其带来了巨大的流量和关注度，一些出版公司通过数字出版的方式以及调整出版内容得到了一定的缓解。但是随着新冠肺炎疫情流行时间不断的延长，它的存在将会变成一种“新常态”，随着时间推移受众对此也会习以为常，不再特别关注新冠肺炎疫情的新闻和消息，其消费习惯将变为一次性消费。这样对于以为找到生存办法的出版者来说无疑是巨大的打击。正如美国著名在线杂志《连线》的总监所言：“现在的挑战是我们如何留住这些人，让他们知道我们所做的其他事情也可能吸引他们。”2020 年 7 月中旬，也就是美国开始封锁的四个月后，在由 *Folio* 杂志主持的长达一小时的虚拟座谈会上，一群内容策略师、数字和受众开发总监及编辑聚集在一起，分享他们的出版物是如何运作的。在会议上，《西雅图时报》的产品经理提供了两个解决方案：一是向读者提供浏览器通知，这种通知总是能很好地把人们吸引回来。二是在其网站上实施实时更新内容的脉络导引及应对疫情的策略。通过这些方式来培养受众养成这样的一个习惯：你只需关注《西雅图时报》，便可以看到这样的即时信息，而不必特别去推特（美国社交软件 Twitter）查询。在会议上，另一个被提出的策略或者共识是把一次性新闻消费者变成回头客的关键是获得电子邮件收件箱的访问权限。数字版《大众科学》的夏季刊向订阅者和非订阅者免费开放，但要求用户提供一个电子邮件地址才能访问，这样不仅增加了期刊用户的注册量，而且增加了与印刷版订阅者的联系点。由于在疫情前就已经投资于数字订阅和分支收入，《连线》杂志因此而处于一个优越的地位，但在会议上仍提供了他们的策略。首先，在最初的几个星期里，《连线》杂志并没有在其非付费内容上推广付费订阅，而是增加了显著的横幅，引导读者阅读其免费的新冠肺炎疫情时事通信。此外，他们改变了语言方式，“真正指出了他们的新闻编辑室在做什么，告诉受众我们在夜以继日地为你提供有关这方面的最佳信息，因此请订阅来支持我们”。他们开始更多地使用“支持”和“会员”的用语方式，以此来让受众能够感受真诚的同时也能潜移默化地影响及培养受众的订阅习惯。

三、总　结

通过对美国期刊业在面对新冠肺炎疫情的影响做出的应对策略的分析，笔者发现，美国期刊业的应对非常及时迅速且具有针对性和长远性。在工作方式、出版模式、杂志期刊内容、广告营销、人力资源管理、市场运营等多个方面进行了具有针对性的调整，以克服疫情的影响和环境的变化。他们不仅在如何吸引受众、提升关注度和流量等当下问题上下足了功夫，也在面对疫情新常态形势下的未来问题上高瞻远瞩，寻找方法和策略。虽然在有些问题上存在争议，但是应对方式多样及时仍是其突出的优势。

中国期刊业在此次疫情中也同样受到了巨大的冲击和影响，当然不少期刊企业也采取了不错的应对措施，如《北京文学》杂志在疫情期间，利用自身的新媒体平台（如官方微博和微信公众号），紧紧结合新出版的每一期杂志内容，加大宣传推介力度，在微博和微信公众号进行推送，提升了读者对杂志、作家及作品的关注度，使得北京文学微店的杂志销售额比去年同期增长了一倍多。

近几年国内的新媒体发展得如火如荼，新媒体具有使用便捷、反馈迅速、内容丰富、互动性强的特点，非常适合当下环境，而与新媒体进行结合无疑是非常好的一个策略。[1] 但是，国内期刊业在期刊的广告营销、商业发展、市场运营等方面采取的措施较少，学术研究也较多集中在出版模式的创新，所以本文中列举的美国期刊业的策略，例如与电子商务结合、行业内行业外寻求合作、维持伙伴关系等策略可以给予国内期刊业一定的启发。当然，并不是要国内期刊业全盘吸收，而是取其精华，选择适合我们的方法，在此基础上也要自我创新，使期刊业在疫情影响下“逆风翻盘”。新冠肺炎疫情的影响对整个世界都是巨大的，对于期刊业也不例外，互相借鉴、共同发展是趋势，也是长期生存的方法。灾害疾病的发生无人能够预知，但是总结方法，积累应对经验，是期刊业现在关注的也是接下来需要研究的重要课题。

---

[1] 张雁影．高校学报“两微一端”传播与应用［J］．中国出版，2019（14）：53-573．